KB119062

전인적 돌봄을 위한

게슈탈트 심리치료

기초 이론과 실제

| Jeffrey D. Hamilton 저 | 윤 인 · 김효진 · 최우영 · 신성광 공역 |

학지사

역자 서문

몇 년 전 이 책을 처음 접했을 때 나는 저자 서문에 있던 몇 줄의 글에 적잖은 공감을 하게 되었는데 그 내용은 다음과 같다.

'게슈탈트'라는 말을 들으면 무엇이 떠오르는지 물었을 때, 많은 사람이 '빈 의자 기법' '베개 치기(hitting pillows)' '꿈 작업'과 같은 것을 열거한다. 이처럼 그들은 게슈탈트 임상 장면에서 활용되는 기술에 관해 이야기하지만, 그 배경에 있는 고도로 발전한 게슈탈트 이론에 대해서는 언급하지 않는다. 게슈탈트는 기술이나 용어보다 훨씬 더 많은 현상에 관한 이론인데도 말이다.
                                                              ─저자 서문 중─

저자의 이 말에 내가 동의했던 것은 게슈탈트라는 말에 대부분의 사람이 즉각적으로 빈 의자와 같은 기법을 쉽게 연상하는 것을 자주 봐 왔기 때문이다. 이런 반응은 게슈탈트 치료에 대한 사람들의 이해가 얼마나 제한적이고 피상적인지 반증해 주는 것이었다. 이 책을 번역하게 된 배경에 이런 개인적인 경험이 있었음을 부인할 수 없다. 게슈탈트는 체험을 강조하는 치료법이기 때문에 경험이 부족한 상담 수련생은 이 접근을 쉽게 이해하지 못하는 경향이 있다. 이런 상황에서 '이 치료 접근의 핵심 개념을 손으로 만지듯 이해할 수 있도록 도울 수 있는 방법이 없을까?' 하고 고민해 오던 중 이 책을 만나게 된 것이다.

이 책에서 저자는 자신의 임상 경험을 통해 깨달은 게슈탈트 치료의 핵심 개념을 독자가 쉽게 이해할 수 있도록 구체적 사례를 들어 설명하고 있다.

특히 1장의 '지금 여기', 2장의 '과정 대 내용', 4장의 '주의 기울이기', 5장의 '전체는 부분의 합보다 크다' 등과 같은 게슈탈트 기초 개념을 저자는 자신의 체험적 사례를 통해 쉽게 풀어 설명하고 있다. 예를 들면, 4장의 '주의 기울이기'에서 저자는 '수용적 주의 기울이기'와 '적극적 주의 기울이기'를 구분하여 설명하고 있다. 나는 이 부분을 통해 치료자의 자기 알아차림이 어떤 것인지 직접 체험하듯 이해할 수 있었다. 우리에게는 익숙하지 않은 '수용적 주의 기울이기'라는 용어는 상담자-내담자 상호작용에서 치료자가 자신의 내적 경험에 주의를 기울이는 것을 말한다. 반면, 우리에게 익숙한 '적극적 주의 기울이기'는 상담자가 내담자의 언어·비언어 메시지에 주의를 기울이는 것을 말한다. 또한 저자는 게슈탈트 치료 훈련의 전제 조건이 되는 상담자의 자기 알아차림(자신의 감정/욕구, 생각, 신체, 행동 및 관계 패턴 등)'을 촉진하는 '성장을 위한 아이디어'를 통해 독자가 스스로 훈련해 볼 수 있도록 안내하고 있다.

12장 '변화의 역설 이론'에서는 변화 과정을 이끌어 내는 게슈탈트 치료자의 창의성을 치료 개입에 활용하기 위한 방식을 소개하는데, 이 장을 살펴보는 것은 상담이 과학이면서 동시에 예술이라는 것을 다시 한 번 확인하고 경험할 수 있는 기회가 된다. 이 책의 2부에서는 '알아차림-접촉 주기'를 소개하고 있다. 여기서는 접촉 주기 과정을 통해 내담자의 저항이 어떻게 드러나고 있는지 구체적으로 이해할 수 있다. 또한 치료자가 저항을 내담자의 입장에서 어떻게 이해할 필요가 있는지도 보여 주고 있는데, 이를 통해 게슈탈트 치료가 왜 내담자 중심의 치료 접근인지 확인할 수 있다.

이 책의 원제목인 *Gestalt in Pastoral Care and Counseling*을 직역하면 '목회적 돌봄과 상담을 위한 게슈탈트 치료' 정도가 된다. 그런데 '전인적 돌봄을 위한 게슈탈트 심리치료 기초 이론과 실제'라고 번역한 것은 이 책이 목회자나 사역자뿐만 아니라 돌봄이라는 영역에서 일하는 심리치료자, 상담자, 사회복지사, 교사 등 누구에게나 적절하고 유용한 내용을 담고 있기 때문이다. 또한 이 책은 관계 및 소통이라는 주제에 관심을 갖거나 자신에 대한 이해와 자각에 관심을 갖는 일반인도 쉽게 이해할 수 있는 내용으로 이루어져 있다.

이 책의 번역 작업은 한동대학교 상담대학원 게슈탈트 연구 모임이 계기가 되었는데, 이 모임의 지도교수로서 내가 이 책을 공역자 세 분에게 추천하면서 시작하였다. 지난 2년 동안 이 번역 과정을 통해 서로에게 지지와 힘이 되어 준 세 분 선생님의 수고 덕분에 이 책이 세상에 나올 수 있었다고 생각한다. 이에 공역자 세 분께 다시 한 번 진심으로 감사드린다.

역자 대표
윤 인

추천의 글

이 책은 강력한 치료 방법인 게슈탈트를 알지 못하는 신학생과 성직자를 위해 쓰인 책이라고 할 수 있다. 이 책의 강점은 이해하기 쉬운 말로 쓰였다는 것과 조금은 낯선 전문 용어를 사례를 통해 명쾌하게 설명하고 있다는 것, 그리고 목회상담과 목회적 리더십의 직업적 요구에 부합하여 게슈탈트를 소개하고 있다는 점이다. 다시 말해, 이 책은 Hamilton의 목사로서 또 상담자로서의 열정과 능력을 분명하게 드러내고 있다.

Frank J. Stalfa, Jr.

(Lancaster 신학대학교 목회신학 교수, 목회학 박사)

Hamilton 박사는 이 책에서 게슈탈트의 기본 개념을 간단하지만 결코 단순하지는 않은, 그리고 읽기 쉽게 질문과 답변 형식으로 요약하고 있다. 게슈탈트 개념은 교회 행정 목사나 좀 더 전통

적인 목회 돌봄 및 상담을 하는 이들에게 매우 유용하다. 이 책은
게슈탈트에 익숙한 독자에겐 흥미로운 복습 교재가 될 것이고,
그렇지 않은 독자에겐 게슈탈트 이론과 실제를 더 배우고 싶게
하는 촉진제가 될 것이다. 따라서 나는 이 책을 강력히 추천하고
싶다.

Sue Webb Cardwell

(Christian 신학대학교 목회상담 교수,

상담심리 명예박사, 前 AAPC 회장)

게슈탈트 이론가나 상담자는 책을 많이 집필하지 않는 것으로
알려져 있다. 대신 그들은 치료를 한다. 그래서 성직자나 목회상
담자, 그리고 목사와 같은 종교계 지도자가 게슈탈트 치료를 그것
에 대한 통찰을 토대로 종교친화적 상담에 이 치료적 접근을 적용
하는 것은 무엇보다도 가치 있는 일이 된다.

저자인 Jeffrey Hamilton은 독자가 게슈탈트 이론을 한입에 쏙
넣을 수 있고, 쉽게 이해할 수 있도록 질의응답 형식으로 이 책을
썼다. 독자가 이 책의 도움을 얻기 위해 게슈탈트 치료만 사용할
필요는 없다. 이 책을 이해하는 데 필요한 것은 다른 치료접근에
서도 사용하는 치료적 특성인, 치료자로서 온전히 내담자와 함께
하는 것, 경계에 주의를 기울이고 좀 더 생생하게 자신과 내담자
를 관찰하는 것 등의 자질이라고 할 수 있다.

게슈탈트 이론의 창시자인 Fritz Perls는 하나님 의존과 거리가
먼 인간의 자기 의존(self-support)을 강조했다. 그런데 이 책에서

저자는 신학과 성경의 내용을 게슈탈트 치료 과정 안에서 자연스럽게 통합하고 있다. 따라서 Hamilton이 가장 많이 인용하는 신학이 '과정신학'이라는 것과, 그가 내담자의 이야기를 통해서 외치는 소망이 바로 '관계적 소망'이라는 점도 놀라운 일이 아니다.

지난 10년간 성직자들이 평생교육 기회를 통해 받은 교육은 주로 대상관계와 가족치료에 관한 것이 전부였다. 그런데 게슈탈트 치료는 알아차림 주기 분석, 주의집중에 대한 강조, 간과한 것을 볼 수 있는 능력, 저항을 지혜롭게 다루는 방법 등으로 상담자뿐 아니라 성직자나 성경 공부 리더에게도 놀랄 만큼 도움이 되는 기법임에 틀림없다.

이 책의 마지막 부분에서는 개인 작업, 커플 작업 그리고 집단 작업에 관한 세 가지 사례를 소개하고 있다. 이 사례들은 비록 간략하지만, 독자에게 게슈탈트 이론과 실제를 어떻게 현명하게 적용할 수 있는지에 대한 단서를 제공할 수 있을 것이다.

Carolyn Stahl Bohler

(Union 신학대학교 목회신학 및 상담 교수)

들어가며

이 책에 대한 질문: 이 책은 어떤 사람을 위해 쓰였으며 그들은 어떤 사람인가

이 책은 사역자를 위한 책이다. 그런데 이런 이들을 뭐라고 칭하는 것이 좋을까? 사역자는 자신을 어떻게 부르는가? 어떤 이들은 자신을 목사나 상담자, 교육자, 사제, 행정가, 선교사 또는 평신도 사역자 등으로 부른다. 그렇다면 우리는 이러한 사람들을 뭐라고 불러야 할까? 나는 이 부분에 대한 답을 찾기 위해 Gorden E. Jackson의 도움을 받았다.

Jackson은 '상담자(counselor)'라는 말은 다소 제한적이고 공식적인 것 같다고 생각한다. 실제로 상담은 사역의 한 부분일 뿐이다. 한편, '심리치료'라는 말은 또 너무 동떨어진 느낌이라고 하면서 그는 다음과 같이 설명하고 있다.

결국 나는 '돌보는 이(carer)'이라는 말을 선택했다. 이는 크리
스천 공동체에서의 상담의 역사 때문이기도 하고, 또 한편으로
는 돌보는 사람이라는 말이 많은 사람들에게 주는 정서적 풍성
함 때문이다.[1]

그러므로 이 책에서 나는 이 사역을 하고 있는 이들을 '돌보는
이(carer)' 또는 '목회적 돌봄을 하는 이(pastoral carer)'라고 칭할 것
이다. 이 용어는 또한 상담 사역에 관여하고 있는 모든 사람을 포괄
하는 말이다. 이 책에서는 이 포괄적인 용어를 우선해서 사용했다.
그리고 이외의 다른 용어가 사용되는 경우엔 괄호로 처리하였다.

상담 사역 모델 소개

지금부터 소개할 내용은 내가 연합신학대학교(Union Theological
Seminary) 목회학 박사 과정을 밟고 있을 때 수행한 프로젝트로,
'게슈탈트 이론의 원리'라는 교육과정의 핵심 내용이기도 하다.
또한 이 책에서는 구체적인 게슈탈트 개념을 다양한 사례를 통해
소개하고자 한다. 이 사례들은 강의에서 소개한 실제 사례이기도
한데, 사례 연구를 위해 사용한 것일 뿐만 아니라 게슈탈트 이론의
맥락을 짚어 낼 수 있었던 것이기도 하다. 학생들 역시 수업에서
자신의 사례를 내놓고 토론하였다.
이 책에서 '게슈탈트 경험 주기(Gestalt Cycle of Experience)'를

다룬 부분은 상담의 개념이나 기술만 믿고, 특히 저항을 다루려고 하지 않는 상담자에게 도전이 될 것이다. 책에서 소개하는 아이디어와 상담 기술은 클리블랜드 게슈탈트 연구소(Gestalt Institute of Cleveland)에서 여러 교수 및 학생과 나눈 대화, 그리고 토론을 통해 얻은 것이다.

이 프로젝트는 Scharff Notes의 『대상관계이론 입문서(*A Primer of Object Relations Therapy*)』[2]에서 사용한 방식을 택했다. 이 방식은 실제로 나 자신이 학습하는 데 도움이 되었기 때문에 다른 사람들에게도 유용하리라 생각한다. 질문과 답변 형식으로 구성되어 있으며, 클리블랜드 게슈탈트 연구소의 학생들이 실제로 질문한 내용도 포함하였다.

또한 이 책에서 제시하는 모델은 나의 목회 경험을 토대로 다듬어져 나온 것이다. 현재 나는 병원과 연계된 목회상담 센터에서 근무하고 있는데, 우리 센터에는 여러 명의 목사, CPE 학생 및 슈퍼바이저, 목회상담 스태프가 있다. 프로젝트에서 사용한 많은 상담 사역 관련 예시는 나의 상담 작업과 우리 센터에서 실제로 있었던 일을 토대로 구성한 것이다.

내가 이 프로젝트에서 게슈탈트 이론을 선택한 이유는 다음과 같다. 우선, 게슈탈트 이론을 개인적으로 경험하면서 나의 삶과 믿음이 계속해서 확고해져 감을 느낄 수 있었다. 그리고 정식으로 연구를 진행해 가면서 목회상담자가 게슈탈트 경험 주기를 자연스럽게 사용할 수 있을 것이라는 확신이 들었다. 마지막으로, 운 좋게도 나는 게슈탈트 치료의 최고 권위자와 함께 일할 기회를 얻을 수 있었다. 그분의 도움으로 게슈탈트를 내 것으로 주장할 수 있게 되었고, 다른 사람들과 게슈탈트 이론에 대해 이야기할 수도 있게 되었다.

게슈탈트는 무엇이며 어떻게 목회상담에 적용할 수 있는가

'게슈탈트'라는 말을 들으면 무엇이 떠오르는지 물었을 때, 많은 사람들이 '빈 의자 기법' '베개 치기(hitting pillows)' '꿈 작업'과 같은 것을 열거한다. 이처럼 그들은 게슈탈트 임상 장면에서 활용되는 기술에 관해 이야기하지만, 그 배경에 있는 고도로 발전한 게슈탈트 이론에 대해서는 언급하지 않는다. 게슈탈트는 기술이나 용어보다 훨씬 더 많은 현상에 관한 이론인데도 말이다.

게슈탈트는 효과적인 심리 치료 기법 그 이상의 것이다. 즉, 게슈탈트는 내성(introspection)보다는 역동적인 알아차림을 강조하는 행동 접근으로, 직접 보고 깨닫고 경험하는 접근이다.[3]

게슈탈트는 현상학적 대화 치료 기법으로, 현재 일어나고 있는 즉시적 경험을 보다 선명하게 경험하여 알아차림을 높이는 데 초점을 두는 기법이다. 이것은 설명이나 해석보다도 직접 인식하고 느끼는 것을 더 신뢰한다. 게슈탈트 치료는 내담자와 치

료자의 즉시적 경험을 똑같이 존중한다.[4]

게슈탈트는 '지금 여기'의 이론이다. 게슈탈트 치료의 목표는 개인과 상담자, 그리고 돌봄을 받는 내담자 모두를 도와서 순간순간을 좀 더 잘 알아차리게 돕는 것이다. 이것을 통해 상담자와 내담자는 두 사람의 관계에서 순간순간 일어나는 일과 각자의 내면에서 일어나는 일에 대해 생생하게 살아 있게 된다. 게슈탈트 치료에서는 전체 관계의 흐름을 이해하는 것도 중요하다. 나는 종종 목회상담자들이 어떻게 행동해야 하는지에 대해 너무 많이 배운 것은 아닌가 하는 생각을 한다. 그들은 어떻게 하면 '적극적 경청'을 할 수 있는지, 그리고 내담자를 이해하기 위해 어떻게 질문해야 하는지를 배운다. 상담자로서 자신과 내담자 사이에 분명한 경계를 가져야 한다고 배우는 것이다. 또한 그들은 상담관계에서 자신이 느끼거나 영향받은 것을 내담자에게 드러내면 안 된다고 배운다.

신학생 시절, 처음 현장실습을 나갔을 때 슈퍼바이저 목사님과 함께 목회의 소명에 관해 이야기 나누던 기억이 떠오른다. 슈퍼비전은 잘 진행되고 있었는데, "오늘 그 교회 성도분이 제게 그 이야기를 해 주신 후 저는 그분께 제가 많이 슬펐다고 이야기했어요."라고 내가 말하자 그 슈퍼바이저는 즉각 다음과 같이 반응했다. "내담자가 한 말에 대해 상담자가 어떻게 느끼는지는 중요하지 않아요. 내담자는 상담자의 느낌을 알 필요가 없어요. 당신은 그 사람을 위해 거기 있는 것이지 자신을 위해 거기 있는 것이 아니잖아요." 하지만 나는 전문가답게 행동하기 위해 상담관계에서 일어나는 일을 내담자와 나눠서는 안 된다는 생각이 어쩐지 불편했다. 자연스럽게 찾아오는 감정, 나에게도 도움이 되는 그 감정을 부인해야 했기 때문이다.

게슈탈트는 일련의 실험이 합하여 생겨나는 어떤 것 그 이상이다. 게슈탈트는 삶의 방식이고, 삶을 이해하는 방법이며, 지금 여기에서의 관계다.

게슈탈트에서는 목회상담자가 상담자로서 갖는 자신의 경험과 내담자의 그것이 모두 똑같이 가치가 있다는 생각을 가지라고 말한다. 게슈탈트는 특정한 일련의 기술이나 변화를 위한 공식이 아니며, '사람의 마음을 열게 하는 방법'이 아니다. 그것은 내담자의 개인사와 경험을 이해하는 방법일 뿐만 아니라 지금 여기에서의 경험을 확증해 주는 관계나 변화를 이해하는 방법이기도 하다. 게슈탈트는 내담자가 처한 어려움과 그 어려움을 극복함으로써 얻을 수 있는 가치를 보게 해 주는 방법이기도 하다.

나에게 있어 게슈탈트 이론은 영원과 같다. 크리스천의 관점에서 보았을 때 게슈탈트는 삶과 죽음, 그리고 부활을 시사한다. 즉, 그것은 우리 인생의 어떤 부분은 삶을 지속하도록 하고, 또 어떤 부분은 죽어 가게 허락하며, 이윽고 다시 살아나 '삶을 살아 내도록' 지지하고 발전시켜 나가는 방식인 것이다.

나는 이 책을 통해 독자 역시 내가 느꼈던 것처럼 재미있고 즐거운 여행, 그리고 '전경을 만들어 가는(figure building)' 여행을 할 수 있기를 바란다.

신학에 대한 이야기

신학에 대한 다음의 이야기는 나의 주된 사역인 목회상담을 바탕으로 한다. 이 책에서 언급하는 '내담자'와 '상담'이라는 말은 또한 '교회 멤버'나 '목회적 돌봄'이라는 표현으로 이해해도 되겠다.

지금 여기에서의 나의 관점으로 말하자면, 나는 크리스천으로, 하나님이신 예수 그리스도를 나의 구세주와 주로 믿는 사람이다. 나는 예수님의 삶을 믿으며, 예수님은 하나님께서 우리 모두가 추구해야 할 가치를 몸소 삶으로 보여 주신 분이라는 사실을 믿는다. 다시 말해, 하나님은 예수님의 인성을 통해 창조주가 피조물과 함께할 것을 공포하셨고, 모든 사람의 재능과 기술을 확증해 주셨으며, 관계에 의한, 관계를 위한 모델을 제시해 주신 것이다.

나는 나의 사역이 목회상담자와 목회신학자로서의 역할을 이행하는 것이라고 생각한다. 각 역할에는 구체적인 임무가 있는데, 목회신학자로서의 임무는 Thomas C. Oden의 말을 인용해서 정의해 보고자 한다.

목회신학자의 역할은 목회의 명확한 정의를 내리고 목회 임상을 발전시키는 것이다. 즉, 이론과 실제를 결합한 목회적 훈육, 목회신학을 시행하는 것이다. …… 하지만 이 말은 단순히 이론적으로 이야기하거나 목회 현장에서 일어나는 일을 객관적으로 묘사한다는 의미가 아니다. …… 목회신학의 가장 적절한 목표는 목회 임상을 발전시키는 것이다.[5]

나는 이것을 다양한 방법으로 실행하고 있다. 목회 과업 가운데 하나는 신앙의 가치를 생생하고 가시적인 방식으로 재현해 주는 것이다. 그러나 진정한 의미에서 나는 하나님을 재현할 수는 없다.

재현한다는 말을 정의에 입각하여 말하자면, 그들이 스스로 대표하고자 하는 존재의 말만을 할 수 있어야 한다는 것이다. 누군가를 대표하고자 한다면 실로 그들은 자신의 언어와 경험으로부터 이별하고, 자신이 대표하고자 하는 사람의 말과 행동으로만 의사소통해야 한다.

나의 임무는 나 자신과 나의 하나님(예수님)의 관계를 통합함으로써 얻을 수 있는 믿음의 가치를 내가 돌보는 이들에게 제공하여 하나님의 뜻을 재현하는 것이다. 상담을 통해 내담자의 삶에 개인적으로 참여하여 나 자신을 나눌 때 그 뜻을 재현할 수 있다. 믿음과 가치라는 관점에서 인생을 탐색하고 경험함으로써 나는 내담자의 삶에 참여한다. 그래서 목회상담은 관계와 참여의 사역이라고도 할 수 있다.

목회상담자로서 당신의 임무는 개인적인 방식으로 믿음을 발전시키

고 성장시켜 다른 사람들에게 하나님의 뜻을 재현하는 것이다.

　이런 관계는 자기의 정체성과 통합성을 찾는 과정에서 어려움을 겪고 있는 사람들의 삶에 참여하는 것이 특징이다. 또한 이런 관계는 하나님 나라의 일원이 된다는 것이 어떤 개인적 가치가 있는지 확인해 주는 것에서 시작하여, 자신을 이해하고자 하는 개인의 노력과 욕구에 의해 두드러진다. 목회상담은 하나님이 우리의 인간성 전체를 받아들이고 확정해 주신다는 믿음을 바탕으로 한다.

　나는 돌봄 사역을 하는 목사다. 내가 다른 조력 전문가들과 다른 점은 상담자로서뿐 아니라 목회자로서 내담자와 관계를 맺는다는 것이다. 내가 목사라는 것은 나의 정체성의 일부이자 내가 나의 사역을 바라보며 활동하기 위한 거름망 역할을 한다.

　내담자가 상담 과정을 통해 통찰을 얻고 변화를 경험하는 것은 성령과 나의 합작으로 이뤄지는 것이라고 생각한다. 이런 변화는 단지 상담자의 행동과 말, 그리고 목회적 돌봄에 관해 배운 것만으로 일어나지 않는다. 그보다는 이런 돌봄과 관련된 요인이 성령을 통해 변화하기 때문에 일어나는 것이다. 즉, 단순한 말과 행동이 믿음의 말과 행동으로 변화하기 때문이다.

　하나님은 모든 인간을 통합적으로 보시기 때문에 나도 사람들을 그렇게 보려고 노력한다. 예수님께서 사람의 필요와 상처, 그리고 기쁨을 그 사람의 전인적 실존과 별개의 것으로 보지 않으셨기 때문에 나도 하나님을 보여 주어야 하는 사람으로서 그럴 수 없다.

과정신학(process theology)은 목회상담의 이런 전인적 관점을 강조한다. 따라서 내담자의 인간적 경험을 중시하며, 이루 다 말할 수 없는 인생의 수많은 경험을 포함한다. 각자의 모든 경험은 가치가 있다. 과정신학은 상담자와 내담자의 현실을 모두 비교한다. 그리고 다음과 같이 질문한다.

> 상담자는 또 다른 현실을 보고 있는가? 상담자는 내담자를 활동의 주체로 보고 있는가, 아니면 함께하는 그 한 시간 동안 수백 번도 더 자신을 형성해 가고 재형성해 가는 펄펄 살아 숨 쉬는 생명체로 보고 있는가? 상담자는 내담자를 한 사람의 인간으로, 즉 인격적 존재인 너(thou)로 대하고 있는가? 정체된 대상이 아니라 감정과 목표를 가진, 상상력과 욕구와 열망을 가지고 싸우기도 하고 포기하기도 하는 역동적 활동의 주체로 보고 있는가? 그리고 상담자 자신 또한 다양한 삶의 경험을 통해 한 순간도 동일한 순간이 있을 수 없다는 것을 느끼고 있는가?[6]

상담자와 내담자의 경험을 모두 중요하게 생각하는 바로 이 과정론적 관점 때문에 과정신학을 목회신학에 접목하는 것이 중요하다. 모든 사람이 소중하고 모든 사람이 경험을 나눈다면, 상담자와 내담자의 관계를 통해 나눌 수 있는 삶의 경험도 고려해야만 한다.

나의 내담자는 사람들의 기대, 역사, 이미지라는 큰 체계의 일부다. 나 또한 그 체계의 일부이며, 나는 상담관계를 통해 형성되는 '우리'뿐 아니라 내담자의 내적 작업과 그 의미 역시 이해하기 위해 작업해야 한다.

신학과 치료적 관계

나는 목회적 돌봄과 상담이 중풍 병자를 위해 그를 지붕에서 달아 내린 일에 대한 예수님의 반응과 같다고 본다.* 많은 사람들의 삶이 공포와 절망, 무력감으로 마비되곤 한다. 예수님은 오늘날의 상담자가 그런 것처럼, 이런 사람들 가운데서 사셨다. 예수님은 그 중풍 병자의 망가진 삶의 파편을 느낄 수 있을 만큼 정서적으로 가까이 계셨을 뿐 아니라 지붕을 뜯어내고 만날 수 있을 만큼 그들 가까이 사셨다. 목회상담자 또한 내담자가 자신의 삶을 마비시켜 버리는 삶의 고민을 털어놓을 때 그들과 함께한다. 이를 통해 내담자는 변화가 가져다주는 즐거움과 두려움을 모두 경험하게 된다.

- -

모든 사람은 '되어져 가는(becoming) 과정'에 있다. 이 과정을 아는 것이 변화 과정을 이해하는 중심축이 된다. 따라서 우리 모두는 이

---

* 역자주: 신약성경 마가복음 2장 1-5절의 말씀으로, 예수를 만나려고 많은 사람들이 모여 있는 가운데 한 중풍 병자를 네 사람이 메워 가지고 예수께로 왔지만, 무리로 인해 예수께 치료받으러 갈 수 없자 지붕을 뜯어 구멍을 내고 중풍 병자의 누운 상을 달아내려 결국 치유를 받게 한 사건이다. 예수는 그들의 믿음을 보고 중풍 병자의 죄를 사해 줌으로써 온전한 치료를 하셨다.

'되어져 가는 과정' 가운데 있는 것이다.

- -

나에게 찾아오는 사람들은 이 '되어져 가는 과정(process of becoming)'에 있는 사람들이다. 목회상담자로서 나의 역할은 그들이 어려움을 겪는 동안 그들과 함께 있는 것이다. 임상 목회 교육의 창시자인 Anton Boisen은 다음과 같이 말했다.

> 성직자나 목회자는 고통받는 이를 도울 때 다음과 같은 특정한 통찰을 지니고 임해야 한다. 즉, 그들은 종교적 개종의 경험이나 극심한 정신 질환을 통해 동일하게 나타나는 사람들 마음속의 깊은 갈망과 건설적 힘의 중요성을 알고 있다. 다시 말하면, 그들은 인간에게 있는 근본적인 사랑의 욕구, 죄책감, 사랑하는 사람에게 버려짐으로써 느끼는 절망감, 그리고 자신은 저주받을 수 없는 존재라는 주님의 큰 사랑에 대한 믿음 등을 통한 용서의 의미가 어떤 것인지 알고 있다. 다른 어떤 구체적 치료기술보다 이런 통찰력이야말로 유능한 목회자가 공헌할 수 있는 중요한 부분이다.[7]

Richard Dayringer는 다음과 같이 말한다.

> 관계 신학의 목적은 사람들이 하나님과의 관계에서 그분을 창조주로 지각하게 하는 것이다. 이 이론이 적절한 것은 인생의

어떤 영역도 이 관계를 넘어설 수 없기 때문이다. 그것은 모든 사람의 활동이 하나님께는 중요하다는 것을 말해 준다. 이 관계 이론은 우리의 실제 생활과 동떨어진 것이 아니다. 그것은 자신의 다양한 모습의 의미를 찾기 위해 갈등하는 사람들의 일상에, 그들의 인간관계의 어려움 가운데, 그리고 그들을 둘러싸고 있는 우주적인 힘과의 조우에 관여한다.[8]

John Patton은 다음과 같이 표현하고 있다. "목회상담을 통한 어떤 치료가 이뤄진다면, 그것은 다름 아닌 관계를 통해서 이루어지는 것이다."[9]

내담자는 자기 삶에서의 변화를 원하고, 변화를 위한 과정과 그것을 함께해 줄 어떤 참여자를 원한다. 어떤 내담자들은 아마도 목회상담의 독특한 돌봄 및 상담 방식을 찾은 후 자신의 종교적 · 영적 뿌리를 확인하고자 할 것이다.

또한 그들은 자신의 영적 생활에 뭔가 부족함을 느끼고, 상담을 통해 이 부분을 양육받고자 할 수도 있다. 혹은 상담받기를 원했는데 우연히 목회상담자를 만나게 된 것일 수도 있다. 중요한 사실은 그들이 변화를 위해 찾아왔다는 것이다. William Oglesby는 다음과 같이 말했다.

주지한 바와 같이, 이런 목회상담의 주요 목표는 내담자가 바르게 깨닫고 바르게 행동하게 하는 것은 아니다. 물론 이런 점이 무시되어야 한다는 것은 아니지만, 목회상담의 기본적 의도는 그보다도 깨어진 관계를 재정립하고, 외로움과 슬픔으로 인한 상처를 치유하며, 진리와 은혜 가운데 사랑하고 용서하게 하는 것이다.[10]

상담을 원하는 사람은 변화를 원한다. 현재의 자신보다 좀 더 나은 사람 또는 다른 사람이 되기를 원한다. 그들은 변화 과정에 들어가고 싶어 한다. Jacob Firet은 다음과 같이 말하고 있다.

> 하나님은 철학자처럼 정적인 분이 전혀 아니시다. 여호와는 언제나 활동하고 계시는 분으로, 현재의 이 세상 가운데 역동적으로 존재하는 분이시다. 히브리인은 '여호와가 있다(is)' 혹은 '존재한다(exist)'라는 단어를 쓰지 않고 '여호와는 행동한다(does)'라는 표현을 사용한다. 정확히 말하면, 히브리어의 동사 hayah는 '~가 되다(to be)'라는 의미보다 '~가 되어 가다(to come to be)'라는 의미다. 히브리어에는 동사로 '~이다(being)'라는 단어가 없으며 '~가 되어 가다(becoming)'와 같은 동사만 있다. 이 동사는 정적이지 않고 동적이다.[11]

사람들도 '~이다(being)'와 '~가 되어 가다(becoming)' 사이에서 갈등한다. 사람들이 목회적 돌봄이나 상담관계를 찾는 것은 그들이 이런 과정과 여정 가운데 있기 때문이다.

내담자는 자신이 이전에 갖고 있던 생각과 신념으로 가득 찬 땅에서 새 땅으로 출애굽하는 경험을 한다. 이 새로운 땅은 어쩌면

젖과 꿀이 가득한 땅이 아닐 수도 있을 것이며, 그 여행이 항상 즐거운 것만은 아닐 수도 있을 것이다. 그러나 그들에겐 되어져 가는(becoming) 과정에서 함께해 줄 동료가 있는 것이다. 목회상담자 또는 자신을 돌봐 주는 다른 이들 말이다.

목회적 돌봄이나 상담 과정의 고유한 점은 내담자의 종교 언어와 상징의 안팎에 알아차림이 내재해 있다는 것이다. 이런 내담자의 언어와 상징이 그들을 이해하는 통로가 되며, 또 그들이 하나님을 어떻게 이해하고 있는지 알 수 있는 통로가 된다. 목회상담을 통해 내담자는 삶을 향한 자신의 건강한 욕구와 움직임이 어떤 것인지 알아차리게 되고, 두려움이나 방어로 인해 자신이 어떤 결정을 내렸는지도 알아차리게 된다.

목회상담만의 독특성은 바로 이처럼 내담자가 자신의 신앙적 가치를 확인하고 발전시키는 과정으로, 자신에 대한 건강한 심리적 이해와 내담자의 삶, 그리고 신앙적 유산을 통합하는 점에 있다. 내담자를 변화로 이끄는 것은 그들의 생각과 경험, 그리고 신앙의 통합 과정을 통해 이루어진다. 진단적 용어로 개인을 소외시켜서는 변화로 이끌 수 없다.

목회상담이 일반 상담과 다른 점은 내담자의 삶을 돌보는 과정에서 그들의 신앙(믿음)이 확인되고 또한 포함된다는 것이다. 더불어 목회적 관계라는 테두리 안에서 변화가 일어나며, 또 지지받는다.

　　목회적 돌봄이나 목회상담은 특정 종교의 가치 혹은 생각을 고취하는 것이 아니고, 오히려 내담자가 자신의 종교적 가치를 탐색할 수 있게 돕는 것이다. 목회적 돌봄은 이런 내담자의 삶의 가치와 주제를 그들이 스스로 평가하고 활용할 수 있게 함으로써 자신의 인생에서 보다 온전한 의미를 찾도록 해 준다.

　　이와 같은 가치가 내담자에게는 종교적인 것 또는 그렇지 않은 것으로 확인될 수도 있을 것이다. 그러나 목회상담자는 내담자를 이해하기 위한 기본 도구로서 믿음의 관점에 입각하여 그들의 말을 보고 듣는다. Carroll Wise는 다음과 같이 말한다.

　　상담 치료의 핵심은 내담자가 자기 존재의 깊이를 발견하고, 그것의 중요한 의미를 상징을 통해 표현할 수 있도록 돕는 것이다. 신학적이든 심리학적이든 기술적 언어는 치료에서 아무런 가치가 없다. 그러나 살아 있는 신앙적 언어는 치료를 통해 다뤄야 하는데, 여기서 말하는 언어란 바로 내담자가 겪고 있는 생생한 갈등 경험을 찾아 표현해 주는 언어를 말한다. 사람들은 책을 읽은 후 그 책의 내용에서 자신에게 깊은 인상을 준 언어로 자신을 설명하려고 하는 경우가 종종 있다. 그런데 이런 것은 방어적인 것이다. 구원의 경우도 마찬가지지만 상담의 핵심은 직관적이고 공감적인 관계인데, 상담자는 내담자가 그런 관계를 통해 자신의 진실된 모습을 발견하고, 또 그 의미를 자신의 삶을 위해 생생하고 성장 가능한 방식으로 표현할 수 있게 용기를 북돋워 주어야 한다.[12]

이처럼 내담자의 삶의 경험과 믿음의 관계를 이해함으로써 변화를 위한 목표를 향해 갈 수 있는 계기가 만들어진다. 내담자의 가치관은 그들이 자신의 삶에서 추구하는 목표를 형성할 수 있는 틀을 제공한다. 목회적 돌봄과 상담 과정을 통해 내담자는 이런 목표뿐 아니라 목표를 이루어 가는 과정도 확인할 수 있다.

목회상담에서는 내담자가 겪고 있는 삶의 어려움을 파악할 때, 진단 기준을 뛰어넘어 그런 어려움이 내담자와 다른 사람들의 관계, 세계와 자신 및 하나님과의 관계에까지 미치는 영향을 모두 고려한다. 따라서 목회상담에서는 내담자의 자기 가치감, 수용, 용서, 소망과 변화에 대한 궁극적인 질문을 던진다. 목회적 돌봄과 상담에서는 탄생-죽음-부활과 같은 주제의 타당성 및 지속성뿐 아니라 내담자가 이전에 가졌던 생각이나 이상의 죽음과 관련된 주제, 그리고 새로운 개념의 탄생과 같은 주제를 다룬다.

과정신학은 과거와 현재, 만족, 그리고 미래에 관해 이야기한다. 이것은 본질적으로 새로운 아이디어의 탄생과 오래된 생각의 죽음, 그리고 미래에서의 결합을 의미한다. 사람들은 각자 다음과 같이 지속되는 과정 가운데 살아가고 있다.

창조와 재창조, 결정과 재결정, 인식과 재인식 …… 사람은 하나의 창조된 개체로서 놀라운 활동을 하는 유기체다.[13]

내담자가 자기 이해를 위한 도구로 자신의 개인사를 상담자와 공유하듯이, 나는 성경의 이야기를 통해 우리가 목회상담의 역할과 신학, 그리고 기능을 이해할 수 있다고 믿는다.

나는 예수님 사역의 세 가지 이야기가 내 사역과 목회적 돌봄을 이해하는 데 중요하다고 생각한다. 그 세 가지 이야기는 '12년 동안 혈루증을 앓은 여인'과 '군대 귀신', 그리고 '우물가의 여인' 이야기다.

12년 동안 혈루증을 앓은 여인

예수님의 이야기를 듣던 군중 가운데 12년 동안 혈루증을 앓은 한 여인이 있었다. 그녀는 치료를 위해 많은 의사를 찾아다니며 재산을 모두 탕진했지만 병세는 전혀 호전되지 않았다. 오히려 그녀의 상태는 더 나빠지기만 했다. 그녀는 사람들이 예수님에 관해 이야기하는 걸 들었고, 군중 가운데 있다가 뒤에서 예수님의 옷자락을 만졌다. 그분의 옷자락만 만져도 자신의 병이 나을 거라고 생각했기 때문이다. 그리고 바로 그때 혈루병의 근원이 사라졌고, 그녀는 자신의 몸이 치료되었음을 알았다. 이와 동시에 예수님께서는 자신의 능력이 빠져나간 것을 알아차리시고, 군중에게 "누가 내 옷에 손을 대었느냐?"라고 물으셨다.[14]

이 이야기는 힘과 권위를 가진 사람들이 내담자의 어려움을 이해하지도 못하고, 또 그 어려움에 참여하지도 못할 때, 그와 반대로 예수님은 어떻게 참여하시는지를 보여 준다. 즉, 이 이야기는 자신을 치료해 주는 이, 자신을 온전한 사람으로 봐 주는 이,

병이 치유되기를 바라고 애쓰며, 자신의 마음을 이해해 주는 이와 연결되고자 했던 한 여인의 바람을 이야기하고 있다.

이 여인이 살았던 시대의 문화적 배경에서 볼 때, 이 여인은 평생 깨끗하지 않다는 낙인을 달고 살았을 것이다. 그 사회에서 도움을 주는 안내자라고 인정받던 사람들이 그녀에게 제공한 것은 어떻게 행동하라는 진단뿐이었다. 그들은 그녀가 어떤 말을 해야 하고, 어떤 과정을 따라야 하는지 알려 주었다. 그녀가 중요하게 생각하는 가치를 강조하기보다는 그녀가 무가치하고 온전하지 않다는 그들 자신의 믿음을 강조한 것이다. 이런 지도자의 관점에서는 자신의 처방으로 치료가 안 되어 그녀가 여전히 정결치 못한 채로 남겨지는 것은 그녀의 탓이었다. 하지만 그녀의 예수님과의 관계는 그 시대 문화에서 종교 지도자들과의 관계와는 달랐다. 그녀는 예수님의 명성을 들었고, 다른 사람들이 하는 말을 통해 예수님이 어떤 분인지 알고 있었다. 예수님의 메시지가 온전함과 소망에 관한 것이라는 사실도 그녀는 알고 있었다. 그녀가 그렇게 예수님을 알고 있었기 때문에 그 두 사람 간에는 다른 관점에서의 관계가 성립할 수 있었던 것이다.

사람들은 관계를 찾고 싶어 한다. 조력자가 도움을 주는 방식은 행동(doing)에 기초를 두는 경우가 많지만, 목회상담은 존재(being)에 초점을 맞춘다.

예수님은 그 여인을 알지 못했지만, 예수님과 그녀의 관계는 주님의 노력과 의도에 의해 특징지어진다. '예수님께서는 자신의 능력이 빠져나간 것을 알아차리시고'에서 알 수 있듯이 예수님의 그녀와의 관계는 주님을 지치게 하는 관계였다. 즉, 이 관계는 어느 정도 거리를 두는 편리한 관계가 아니라 피곤을 느낄 정도의 가까운 관계였다. 다시 말하면, 예수님께서 선포하신 메시지는 그 여인을 주님께로 이끌었고, 주님께서 그 메시지대로 사시면서 피곤을 경험하신 것이었다.[15]

목회적 돌봄과 상담이 이뤄 내야 하는 과제는 상담자와 내담자가 서로의 이야기와 강점을 나누는 기회를 통해 가까운 관계가 이뤄질 수 있게 하는 것이다. 돌봄은 적당한 거리를 유지하는 관계를 통해 이뤄지는 것이 아니다. 그것은 내담자 이야기의 보다 깊은 속뜻을 이해하고, 그들의 고통이 그들 자신의 삶에 미치는 영향을 이해하며, 또 그들이 바라는 변화를 이해하려고 노력하는 가까운 관계를 통해 이뤄지는 것이다.

군대 귀신

예수님과 제자들이 호수 건너편 거라사 지방에 이르렀다. 예수님
께서 해변에 도착하자 귀신 들린 한 남자가 자신이 살고 있던 무덤
들 사이에서 나와 예수님께 왔다. 그는 더 이상 통제가 되지 않는
듯 보였다. 쇠사슬로도 묶어 보고 족쇄도 채워 보았지만 쇠사슬은
끊고 족쇄는 부숴 버렸다. 누구도 그를 통제할 수 없었다. 그래서
그는 밤낮 쉴 새 없이 언덕에 있는 무덤들 사이에서 괴로워하며 돌
로 자기 몸을 해하고 있었다. 멀리서 예수님이 오시는 걸 보았을
때, 그는 달려가서 예수님께 엎드려 절하며 큰 소리로 "하늘에 계신
하나님의 아들이시여, 저에게 무엇을 원하시나이까? 하나님의 이름
으로 저를 괴롭게 하지 마옵소서."라고 외쳤다. 예수님은 그에게
"네 이름이 무엇이냐?"라고 물으셨고 그는 "제 이름은 군대입니다.
제 안에 여럿이 들어 있기 때문입니다."라고 했다. 그리고 그는 예
수님께 자기를 이 지방에서 내보내지 말아 달라고 간절히 빌었다.
…… 사람들은 그곳으로 가서 예수님과 군대 귀신 들렸던 남자가
옷을 입고 온전한 정신으로 있는 것을 보고 두려워하였다.[16]

군대 귀신은 철저히 격리된 공간에서 살았다. 아마도 자신이
속한 집단을 떠난 이탈자가 되어 돼지 판매상으로 무덤가에서
살았던 것 같다(집단을 떠난 후 그는 유대인이 가장 기피하는 부
정한 돼지 무리 가운데 혼자 살고 있었을 것이다). 그는 미쳐 갔
을 것이고, 관계를 맺을 수 있는 기회도, 자신의 이야기를 들어

줄 그 누구도 없었을 것이며, 자신과 삶을 나누면서 소망을 주는 사람도 없었을 것이다.

그는 예수님을 "예수, 가장 높은 하나님의 아들"이라고 분명하게 선포한다. 이 몇 마디를 통해 그는 예수님이 하나님으로부터 오신 인간을 구원할 자라는 것을 확인해 주고 있다.[17, 18]

예수님은 군대 귀신을 받아들임으로써 소망을 선포하셨다. 예수님이 "네 이야기를 나에게 해 보라."라고 말씀하셨을 때, 그가 자신의 이야기, 군대 귀신이었던 지난 삶을 나누자 그의 삶은 확정되었고, 고립은 끝나게 되었다. 더 이상 혼자 살지 않고 다른 사람들과의 관계 속에서 살 수 있는 기회를 얻게 된 것이다. 다른 사람들의 시선과 군대 귀신이었다는 꼬리표가 있는데도 관계를 맺는다는 단순한 행동을 통해 그는 소망을 갖게 되었고 온전케 되었다는 메시지를 받은 것이다. 세상 사람들은 군대 귀신을 미쳤다고 보았지만 주님은 그를 온전하다고 하신 것이다.

목회상담은 이처럼 내담자에게 그 자신의 이야기를 나누게 함으로써 고립에서 벗어날 수 있는 기회를 제공한다. 자신의 이야기를 나누면서 내담자는 다른 사람들이 보는 자신의 이미지가 아닌, 하나님께서 우리 각자에게 부여하신 가치에 따라 재조명되고 재정의되는 거룩한 땅의 경험을 할 수 있다. 목회적 관점에서 이러한 이야기를 경험함으로써 내담자는 고립이라는 두려움이 아니라 관계를 통한 소망이라는 관점에서 자신을 이해할 수 있게 되는 것이다.

우물가의 여인

예수님의 제자들은 음식을 사러 마을로 떠났다. …… 그때 한 사마리아 여인이 우물가에 물을 길으러 왔다. 예수님은 여인에게 "나에게 물을 달라."라고 말씀하셨다. 그 여인은 "당신은 유대인으로서 어찌하여 사마리아 여자인 나에게 물을 달라 하나이까?"라고 물었다 (당시 유대인과 사마리아인은 상종하지 않았음을 알아 둘 필요가 있다). 예수님은 "네가 만일 하나님의 선물과 또 네게 물 좀 달라 하는 이가 누구인 줄 알았더라면 네가 그에게 구하였을 것이요, 그가 생수를 네게 주었으리라."라고 말씀하셨다. 이때 예수님의 제자들이 돌아와서 예수님과 여인이 말하는 것을 보고 이상하게 생각하였으나 아무도 예수님께 "무엇을 원하십니까?" 혹은 "왜 그 여인과 이야기 하셨습니까?"라고 묻지 않았다.[19]

이 이야기는 흔한 이야기에 대한 놀라운 결말을 말해 주고 있다. 수세대에 걸쳐서 유대인과 사마리아인 사이에는 적대감이 있었다. 유대인과 사마리아인 간의 관습과 전통의 차이로 인해 두 문화와 두 민족 간에는 뚜렷한 구분이 있었다. 따라서 유대인과 사마리아인은 서로 접촉하는 일이 없었다. 그런데 여기서는 접촉이 일어난 것이다. 이 순간 예수님은 다른 이들에게 하듯이 똑같이 그 여인을 존중해 주신 것이다. 예수님은 두 민족과 두 나라 간 새로운 관계의 도래를 보이신 것이다.[20]

이 이야기를 통해서 말씀이 육신이 되어 오신 주님은 모든 것과 모든 관계를 새롭게 하신 것이다. 예수님이 함께하심으로, 그리고 말씀을 통해 질병이나 광기를 치료하신 것이 아니라 하나님과 사람의 관계를 고치심으로 그 둘이 하나되게 하신 것이다.

예수님의 말씀의 능력(말씀이 육신이 되신 능력)은 실재였던 것이다. 다시 말해, 내뱉은 말은 우리의 사역 활동과 분리될 수 없다. 이 이야기도 예수님께서 이 여인에게 자신의 존재와 메시지를 알리시기 위해 의도적으로 하신 행동을 묘사하고 있다.

이러한 이야기는 나의 신학과 목회적 돌봄, 그리고 목회상담에서 중심이 되는 주제를 보여 주고 있다. 첫째, 관계는 목회상담에 있어 핵심 요소다. 신학적 아이디어 혹은 상담적 통찰이나 기술을 숙달하는 것으로는 상담이 충분하지 않다. 상처로 깨어진 상태에 있을지라도 관계를 통해 한 개인의 온전함을 확인해 줄 수 없다면, 그 사람은 목회적 돌봄이나 상담의 의미를 경험할 수 없을 것이다.

둘째, 내담자의 이야기를 통해 상담자와 내담자가 서로 이해할 수 있는 통로가 만들어진다. 내담자의 이야기에는 그 사람의 신앙적 상징이나 아이디어뿐만 아니라 그 사람이 생각하는 인생의 의미가 포함되어 있다.

수용과 공감이라는 목회적 관계에 내담자의 이야기가 더해질 때, 그 사람이 직면한 문제에 대한 의문과 해결 방법에 대한 통찰을 얻을 수 있다. 관계와 이야기가 합해서 변화를 위한 길을 열어 주고 신뢰를 형성해 새로운 삶의 방식으로 안내한다.

셋째, 목회적 돌봄과 상담은 노력하는 수고 없이 이루어지지 않는다. 단순히 '하나님이 말씀하시는 것'을 듣는 것만으로, 또는 종교적으로 들리는 용어를 사용하는 것만으로 되는 것이 아니다. 목회적 돌봄이란 삶의 의미에 대한 사람들의 궁극적 질문에 귀를 기울이는 것이며, 그에 대한 반응을 창출해 내는 것이다. 상담자에게 목회상담은 관계 속에서 자기 자신을 학습하며, 서로의 신앙적 위치와 여정을 이해하고자 노력하고 경험하는 것을 포함한다.

그동안 목회적 돌봄과 상담이라는 일에 몸담고 일해 오면서 경험한 내 이야기를 해 보자면, 목회적 돌봄이란 마치 점토 작업과 같다고 할 수 있다. 시간이 지날수록 내담자는 자신의 영혼을 나눌 수 있을 만큼 당신을 신뢰하게 될 것이다. 그리고 그 영혼은 마치 점토처럼 부드럽고 유연하다. 함께하면서 당신은 그 사람의 영혼을 다른 관점에서 보게 된다. 그리고 그 영혼을 점토처럼 새롭게 다듬어 주게 된다. 결국 그 영혼은 내담자에게 되돌아가게 되고, 부드러운 모든 점토가 그렇듯 일부는 당신의 손에 남게 된다. 손에 남은 점토의 그 작은 부분, 즉 그 내담자의 영혼으로 가득 차 있는 이야기의 작은 부분이 당신이 간직할 부분이다. 그것은 언제까지나 당신에게 남게 될 그 사람의 일부가 된다. 그리하여 그 점토의 작은 부분과 그 사람은 당신의 이야기의 일부가 될 것이다.

▶ 미주

1. Jackson, G. E. (1981). *Pastoral care and process theology.* Lanham, MD: University Press of America, xii.

2. Scharff, J. S., & Scharff, D. E. (1992). *Scharff notes: A primer of objet relations therapy.* Northvale, NJ: Jason Aronson.

3. Perls, F. Hefferline, R., & Goodman, F. (1951). *Gestalt therapy: Excitement and growth in human personality.* London, UK: Souvenir Press, 1.

4. Simikin, J. S., & Yontiff, G. M. (1984). Gestalt Therapy. In R. J. Corsini (ed.), *Current psychotherapies.* Itasca, IL: F.E. Peacock, 279.

5. Oden, T. C. (1985). *Pastoral theology: Essentials of ministry.* San Francisco, CA: Harper and Row, x-xi.

6. Jackson, G. E. (1981). *Pastoral care and process theology.* Lanham, MD: University Press of America, 1-2.

7. Boisen, A. E. (1936). *The exploration of the inner world.* New York, NY: Harper and Brothers, 285.

8. Dayringer, R. (1989). *The Heart of Pastoral Counseling.* Grand Rapids, MI: Zondervan Publishing House, 26.

9. Patton, J. (1983). *Pastoral counseling: A ministry of the church.* Nashville, TN: Abingdon Press, 30.

10. Oglesby, Jr, W. B. (1987). *Biblical themes for pastoral care.* Nashville, TN: Abingdon Press, 41.

11. Firet, J. (1986). *Dynamics in pastoring.* Grand Rapids, MI: William B. Erdmans Publishing Company, 21.

12. Wise, C. A. (1983). *Pastoral psychotherapy.* New York, NY: Jason Aronson, xii.

13. Jackson, G. E. (1981). *Pastoral care and process theology.* Lanham, MD: University Press of America, 4-7.

14. Oxford University Press, & Cambridge University Press (Eds.). (1961/1970). *New English Bible.*

15. Oglesby, Jr. W. B. (1987). *Biblical themes for pastoral care.* Nashville, TN: Abingdon, 196.

16. Oxford University Press, & Cambridge University Press (Eds.). (1961/1970). *New English Bible.* Mark 5:1-10.

17. Fuller, R. H. (1971). *Studies in theology: A critical introduction to the New Testament.* Hertfordshire, UK: Duckworth, 84-87.

18. Achtemeir, P. J. (1975). *Proclamation commentaries: Mark.* Philadelphia, PA: Fortress, 35.

19. Oxford University Press, & Cambridge University Press (Eds.). (1961/1970). *New English Bible.* John 4:8-10.

20. Bultman, R. (1971). *The gospel of John: A commentary.* Philadelphia, PA: The Westminster, 178-180.

차례

PART ONE 게슈탈트 언어

PART TWO 게슈탈트
알아차림-접촉 주기

게슈탈트 언어

Gestalt in Pastoral Care and Counseling

PART ONE

CHAPTER **1**

지금 여기

실재하는 것이란 시간과 관계없이 언제나 현재 일어나는 것을 말한다. 과거에 일어난 것은 과거 그 당시의 실재였고 미래에 일어날 것은 미래 그때의 실재가 되겠지만, 실재하는 것, 즉 우리가 알아차릴 수 있는 모든 것은 현재 일어나는 것이다. 게슈탈트 치료에서는 이처럼 우리가 실재하는 것을 느낄 수 있게 하기 위해서 '지금' 그리고 '이 순간'이라는 말을 강조한다. 또한 실재하는 것은 우리가 현재 있는 장소에서 일어나므로 게슈탈트 치료에서는 '여기'라는 말을 강조한다. 만약 어떤 일이 우리의 감각체계를 벗어나서 일어난다면 우리는 지금 이 순간 그것을 직접 체험할 수 없다. 물론 상상할 수는 있겠지만 그 상상도 지금 여기에서 일어나는 일이다.[1]

우리가 필요(욕구)를 충족하고 싶어 한다는 것은 쾌락주의(hedonism), 즉 자신의 욕구만을 위해 쾌락을 추구하는 것을 의미하지 않는다. 그보다 우리 안에서 일어나고 있는 어떤 것(예: 식욕과 같이 건강한 욕구)을 알아차리고 그것과 관련하여 뭔가를 할 수 있을 때 우리 스스로 자신에게 훨씬 좋은 감정을 지닐 수 있을 것이다. 자신의 필요를 알아차리지 못하거나 자신의 욕구 충족을 미뤄 버리는 사람보다 말이다.[2]

게슈탈트 치료는 우리가 현재를 위해(for the moment) 사는 것을 강조하지 않고 현재에(in the moment) 사는 것을 강조한다. 즉, 자신의 필요를 그때그때 바로 충족하라는 것이 아니라 자기 자신을 위해 환경에 참여하라는 것이다.[3]

'지금 여기'란 무엇이며 게슈탈트 치료에 왜 중요한가

'지금 여기(here and now)'는 게슈탈트 이론 체계의 기초가 되는 개념이다. 게슈탈트 용어로 '지금 여기'란 알아차림, 즉 진정한 삶이 일어나는 곳이다. Joseph Zinker에 의하면, "현재 경험이 우선되어야 한다는 의미는 개개인의 순간순간의 경험이 관심의 초점이 되어야 한다는 뜻이다."[4] 이처럼 단순한 개념이다.

목회적 돌봄은 과거 또는 미래에 일어나는 일이 아니다. 목회적 돌봄
은 현재의 관계, 즉 '지금 여기'에서 일어나는 일이다.

지금 여기라는 개념은 아무리 강조해도 지나치지 않다. 경험이
란 언제나 현재다. 일어나고 있는 일은 언제나 지금인 것이다. 다
음 실험이 이 개념을 좀 더 생생하게 경험하도록 도와줄 수 있을
것이다.

우선, 의자에 편안하게 앉는다. 그리고 의자가 어떻게 느껴지는
지 알아차려 본다. 의자의 등받이는 어떤가? 의자의 천은 어떻게
느껴지는가? 의자에 앉아 있는 게 어떻게 느껴지는가? 이런 모든
것은 지금 여기에 관한 알아차림 질문으로, 쉽게 대답할 수 있는
것이다. 한편, 이제는 자신이 오늘 앉은 또 다른 의자를 생각해 보
자. 그 의자가 어떻게 느껴졌는가? 그 의자의 등받이는 어땠는가?
의자의 천은 어땠는가? 이 모든 질문은 지금의 경험에 초점을 두
고 있지 않은, 기억에 관한 것이다. 그리고 과거의 경험은 현재의
경험만큼 직접적이고 강력하지 않다.

우리는 지금 여기에 살고 있다. 그런데 치료적 도움을 필요로
하는 이들은 자주 지금 여기를 알아차리지 못한다. 그러므로 게슈
탈트 관점에서 우리가 할 일은 그들이 좀 더 생생하고 온전한 삶
을 살 수 있도록 지금 여기를 알아차리게 도와주는 것이다.

'지금 여기' 개념이 과거를 중요하지 않게 생각하는 것은 아닌가

그렇게 보일 수도 있지만 과거가 중요하지 않다고 보는 것은 아니다. 지금 여기에서의 작업은 오히려 과거에 대한 자신의 개인적 평가를 촉진해 줄 수 있다.

목회적 돌봄을 하는 사람은 다른 사람들이 각자의 현재 경험과 생애 이야기를 서로 연결 지을 수 있게 도와줘야 한다. 즉, 다음과 같은 질문과 관찰을 통해 도울 수 있다. "이런 느낌이 익숙한가요?" "지금 이 순간 당신은 어떤 느낌을 받고 있습니까? 그 느낌은 익숙한 것인가요?" 예를 들어 보자.

당신은 나이 드는 것을 받아들이기 어려워하는 어떤 신사와 이야기하고 있다. 대화 도중 당신은 그 신사의 눈에 눈물이 고인 것을 본다. 그 신사는 자신의 슬픔에 대해 말하면서, 자신의 그 슬픔이 어디서 왔는지 모르겠다고 한다. 그때 당신은 그 신사에게 "예전에도 이렇게 느낀 적이 있나요?"라고 묻고, 그는 "네. 제 아버님이 돌아가셨을 때 그랬던 것 같습니다. 아버님은 매우 젊은 나이에 돌아가셨죠."라고 답한다.

이 사례는 지금 여기에서의 작업을 통해 한 남자가 과거의 기억에 접근할 수 있게 하고, 그의 과거 기억과 현재 경험을 연결함으로써 현재 생활의 질서를 찾을 수 있게 한 것이다. 이처럼 지금 여기에서의 작업은 기억을 평가할 수 있는 특정한 토대를 만들어 준다.

사용하는 용어 또한 지금 여기의
시제가 되어야 하는가

좋은 질문이다. 맞다. 그리고 좀 더 말하자면, 우리가 사용하는 용어는 현재시제인 동시에 개인적이어야 한다. 한 예로, 다음 두 가지 시나리오의 차이를 경험해 보도록 하자.

당신은 친구에게 당신 자신의 고통스러운 생애 경험에 관해 이야기하고, 그 친구는 잠자코 듣고 있다가 "슬픈 이야기네."라고 말한다.

또 다른 시나리오 역시 당신이 동일한 이야기를 하고 있다. 그런데 이번에는 그 친구가 "네가 이야기하는 동안 난 슬펐어." 또는 "네 이야기를 들으면서 눈물이 났어."라고 말했다고 하자.

어떤 차이가 있는가? 첫 번째 경우는 다소 비인격적이며 비인간적인 '나/그것(I/It)'의 관계다. 게슈탈트는 '나와 너(I/Thou)'의 관계를 강조한다. 그것은 인간 대 인간의 관계로서 상대방의 이야기가 자신에게 미친 영향 혹은 상대방의 이야기에 대한 반응으로 흘린 자신의 눈물 등을 의미한다.

이것은 사소한 것처럼 보일 수 있다. 또한 아무래도 자신을 더 드러내는 일이니 좀 위험할 수도 있다. 그러나 며칠 동안 이렇게 행동해 보면서 어떤 느낌이 드는지 살펴보자. 자신을 좀 더 풍성하게 경험할 수 있을 것이다.

성장을 위한 아이디어

우리 문화에서 사용하는 언어에 관심을 가져 보자. 우리는 지금 여기에서 말하고 있는가? 아니면 그렇지 못한 경우가 많은가? 당신이 다른 사람들과 대화하는 경우, 지금 여기의 시제로 이야기할 때 연결된다는 느낌을 갖는가? 아니면 다른 방식으로 이야기할 때 그런가?

▶ 미주

1. Perls, F., Hefferine, R. F., & Goodman, P. (1951). *Gestalt therapy: Excitement and growth in the human personality.* London, UK: Souvenir Press, 31, 33.

2. Zinker, J. (1977). *Creative process in gestalt therapy.* New York, NY: Vintage Books, 94.

3. Zinker, J. (1977). *Creative process in gestalt therapy.* New York, NY: Vintage Books, 95.

4. Zinker, J. (1977). *Creative process in gestalt therapy.* New York, NY: Vintage Books, 162.

CHAPTER **2**

과정 대 내용

과정 대 내용의 의미는 무엇이며, 그것은
게슈탈트 이론을 사용하는 데 어떻게 작용하는가

이 개념은 대화 가운데 일어나는 일을 우리가 어떻게 '따라가 야(track)' 하며, 무엇에 주목해야 하는지 밝혀 준다. '내용(content)'에 주목한다는 것은 현재 이야기 나누고 있는 내용 자체에 주목하는 것을 의미한다. 이것은 '내용에 기초'를 두는 것이다.

반면, '과정(process)'에 주의를 기울인다는 것은 이야기되고 있는 것의 의미에 주목한다는 것이다. 이것은 본질적으로 즉각 알아차릴 수 없는 어떤 것에 주목하거나 그것을 알아차린다는 것을 의미한다. 그러므로 '과정'이란 사용된 단어의 상황적 의미나 메시지, 억양, 신체 과정 등을 알아차리는 것이라고 할 수 있다.

음악을 듣는 것에 비유해 보면 과정 대 내용을 쉽게 이해할 수 있다. 음악을 한 번에 한 음정씩만 듣는다고 생각해 보자. 그러면 한 음정 다음에 또 한 음정, 또 한 음정, 이런 식으로 듣게 된다. 이런 경우에는 각각의 개별 음정만 들을 수 있을 뿐 음정 간의 연결이나 차이는 알 수 없다. 이제 작곡자의 의도대로 음정을 듣는다고 생각해 보자. 그러면 이번엔 템포, 역동성, 그 밖의 독특한 다른 특성을 경험할 수 있는데 이것이 바로 과정이다.

따라서 내용은 사건을 하나씩 따로 경험하는 것으로 이해할 수 있다. 다시 말해서, 사건 하나하나에 똑같은 주의를 기울인다는 것이다. 그에 반해, 과정은 말의 흐름, 메시지, 그리고 종종 말하지 않은 메시지까지 경험하는 것을 포함한다.

우리는 과정에 초점을 두고 말을 들을 때 자신이 경험하고 있다는 것을 알아차릴 수 있다. 즉, 내면 깊은 곳에서부터 느끼고 경험하는 것 같은 기분이 든다. 하지만 내용에 초점을 두고 따라가다 보면 한순간에 그 순간이라는 드라마에 사로잡혀 에너지를 잃어버릴 수 있다.

과정 대 내용을 이해할 수 있는 또 다른 한 가지 방법으로 교회 모임을 생각해 보자. 모임이 시작된다. 그리고 끝난다. 그 사이 많은 것에 대해 이야기한다. 그러나 얻는 것은 거의 없어 보인다. 모임이 끝난 후, 자신에게 다음과 같은 질문을 해 본다. "이게 뭐지? 이 모임의 의미가 무엇이었지?" 말의 내용은 충분히 다뤄졌다. 이런 일 저런 일에 관해 이야기 나눴다. 그런데 그렇게 나눴던 이야기 내용의 배후에 있는 의미는 놓쳐 버린 것이다.

이런 모임에서 '과정'에 주의를 기울인다는 것은 사람들의 생각이 어떻게 흘러가는지, 그리고 개념이 어떻게 표면에 드러나는지에 주목한다는 것이다. 과정에 주목하면 토론 주제가 서로 어떻게 연결되는지 알 수 있고, 그 주제 간의 공통점도 찾을 수 있게 된다.

과정에 초점을 두는 사고의 또 다른 특징은 다음과 같은 놀라운 능력으로 나타난다. "여기서 여러분이 이야기한 것을 들으니 이런 생각이 드네요. ……" 또는 "오늘 우리가 나눈 것을 통해 이런 주제를 경험할 수 있었어요. ……" 사람들은 당신이 자신의 마음을 읽는다고 생각할 것이며, 당신의 이해력이 뛰어나다고 생각할 것이다. 당신이 한 것이라고는 단지 알아차리려고 노력함으로써 너무나 분명하게 드러나 있는 그것을 알아차리고 말한 것뿐인데 말이다.

마치 군대와 같이, 우리는 홀로 살고 싶어 하지 않는다. 순간에 주의를 기울이면 그 순간에 우리가 관심을 갖는 사람들, 우리 가운데 함께 하고 있는 사람들과 연결될 수 있다. 이것이 목회적 돌봄의 본질이며 게슈탈트다.

'과정'의 관점에서 펼쳐지는 드라마를 경험할 때 우리는 상호

작용을 경험하게 되고, 일어나는 모든 일에 주의를 기울이게 된다. 사용한 단어와 대화 방법, 몸동작과 의사소통 유형의 변화까지 모든 것이 중요해진다. 그리고 우리는 그 말 이면의 메시지를 이해하기 시작한다.

과정에 초점을 둔 대화는 우리가 체험할 수 있도록 도울 뿐 아니라, 우리가 체험한 것을 또 다른 이들과 나눌 수 있게 해 준다. 이처럼 생생하게 살아 있는 과정을 창출한다. 과정을 따라가다 보면 우리는 자신이 다른 사람들과 함께 있는 것을 경험하게 되지만, 내용을 따라가다 보면 우리는 그들을 관찰하게 된다. 또한 과정을 따라가다 보면 무엇을 이야기했는지보다는 쟁점의 흐름을 따라갈 수 있다.

과정에 초점을 맞추는 것이 사람들의
대화 내용을 무시하게 만드는가

그렇게 보일 수 있다. 그러나 사실은 우리가 듣는 것은 사람들이 하는 말의 메시지이지 단어가 아니다. 즉, 전체 메시지를 듣는 것이지 그 메시지를 구성하는 어떤 부분만을 듣는 것이 아니다. 따라서 과정을 따라가다 보면 사람들이 한 말과 사람들이 전달하고자 하는 말의 좀 더 충실한 의미가 어떻게 다른지 알 수 있다.

그리고 과정을 따라가다 보면 한순간의 작업에 초점을 맞출 수 있다. 사람들에게 과정을 피드백해 주면 많은 경우 대화의 에너지 수준이 높아지고, 그들도 그 순간을 즐기면서 이야기할 수 있게 된다.

상담 중에 심하게 싸우던 커플이 있었다. 그들은 과거에 싸웠던 경험들의 자질구레한 원인까지 기억하여 마치 비디오를 보듯 생생하게 그 싸움을 재현하였다. 그들은 '누가 어떤 말을 왜' 했는지 서로 주고받으면서 한 치의 양보도 하지 않았다. 나는 잠자코 그들이 하는 말을 들었다. 그리고 그들이 하는 말을 스스로 경험해 보았다. 그런 후에 그 커플에게 다음과 같이 말했다. "당신들이 서로 말을 더 많이 하면 할수록 목소리가 점점 더 커져 가는 것을 알겠군요."

이처럼 내가 주목한 것은 그 상담 회기의 과정과 나의 직관(육감)뿐이었는데, 이를 통해 그 부부의 대화는 서로 자신의 말을 들어 주기 원한다는 방향으로 달라졌다. 따라서 그들은 각자 자신이 한 말을 상대방이 들어 주지 않을까 봐 두려워하고 있다는 것을 알게 되었다. 그래서 각자 더 크게 말'해야만 한다'고 느낀 것이다. 만일 내가 그들의 대화 내용에만 초점을 맞췄다면 상황적 어려움을 해결하도록 도울 수는 있었을 것이다. 그러나 과정, 즉 그 어려운 상황의 이면에 있는 의미에 초점을 맞추지는 못했을 것이다. 과정에 주의를 기울임으로써 그들은 두 사람 모두에게 동일한 순간이라는 관점에서 서로를 접촉할 수 있었다.

그렇다. 과정에 초점을 맞추는 것이 경청하지 않는 것처럼 보일지도 모르겠다. 그런데 사실 그것은 더 충실하게 경청하는 것이다.

CHAPTER **3**

전경과 배경

한 세기 전에 독일에서 시작한 게슈탈트 심리학은 미국에 과학적 충격을 불러일으켰다. 이전에는 간과했던 '시각적 지각'을 독창적 실험을 통해 입증하였기 때문이다. 사람들이 사물을 볼 때 각 부분을 통합하여 하나의 대상으로 지각하게 된다는 개념을 탐색함에 따라 게슈탈트 심리학은 사람들이 현상을 지각할 때 처음부터 유기적으로 조직해서 지각한다고 주장했는데, 이것이 바로 게슈탈트 또는 형태(configuration)라는 것이다. 시각적 장은 '전경(figure)'과 '배경(ground)'으로 구성되어 있다. 전경이 관심의 초점(지각된 사물이나 패턴 등)이라면, 배경은 전경을 있게 하는 세팅이나 맥락을 말한다.[1]

사람들은 환경을 지각할 때 보이는 것 모두에 반응함으로써 그것을 하나의 의미 있는 통일된 전체로 지각한다. 그리고 이 전체는 직접 관심을 기울이는 자극과 그렇지 않은 자극으로 구성되어 있다. 환경의 각 부분에 주의를 기울임으로써 특정한 하나의 시각적 전체로 조직화되는데, 이것이 바로 게슈탈트다. 게슈탈트는 이처럼 인식의 장에서 지배적인 전경으로 떠오른 형태를 말한다.[2]

건강한 사람은 자신이 관심을 갖는 것과 그렇지 않은 것을 분명하게 구분할 수 있다. 이런 사람들은 동질화된 것처럼 보이는 배경엔 전혀 관심을 갖지 않고, 선명하고 명확하게 떠오르는 전경만을 경험한다. 정신에 장애가 있는 사람들은 전경과 배경 사이에서 혼란을 경험하는데, 이런 사람들은 목표도 부족할 뿐 아니라 주의력도 부족해서 특정한 상황을 볼 때 어떤 것이 자신에게 중요하고 주된 관심사가 되어야 하는지 가려내지 못한다. 이들은 자신에게 중요한 것과 그렇지 않은 것을 순간순간 가려내지 못하는 이들이다.[3]

전경과 배경의 의미는 무엇이며, 그것은 게슈탈트 이론에서 어떤 위치에 있는가

'전경과 배경'을 이해하는 것은 게슈탈트가 어떻게 완성되었는지를 이해하는 데 필수적이다. 이 개념은 간단한 동시에 복잡하다. 게슈탈트 방식으로 전경과 배경을 이해하는 가장 좋은 방법은 다음과 같이 직접 경험하는 것이다. 즉, 앉아 있는 의자에 기대어서 눈을 감아 본다. 그러고 나서 눈을 떴을 때 자신이 무엇에 집중하고 있는지 알아차린다. 이때 선명하게 알아차려 보자. 그것이 당신의 '전경'이다. 자, 이제는 자신의 전경 주위에 어떤 것이 놓여 있는지 관심을 기울여 보자. 아마 탁자 위의 전등이 보일 수도 있다. 그렇다면 그것이 당신의 전경이다. '배경'은 탁자 그 자체가 될 수도 있고 방이나 양탄자 혹은 당신이 지금 머물고 있는 집이 될 수도 있다.

좀 더 시간을 갖고 이런 개념을 생각해 보도록 하자. 본질적으로 우리는 일상을 통해 전경과 배경을 연속해서 경험하며 산다. 예를 들어, 우리가 누군가를 찾기 위해 어떤 방으로 들어가서 그 방 안을 한번 훑어보고는 자신이 찾고 있는 얼굴을 발견한다고 가정하자. 그때 찾고 있는 사람의 얼굴은 전경이 되고 나머지는 모두 배경이 된다. 또 당신이 어떤 신문기사를 읽고 있다고 하자. 그 기사의 제목은 기사 내용의 배경이 될 것이다. 그리고 기사 내용의 첫 구절은 또한 이어서 읽게 되는 내용의 배경이 될 수 있다.

그렇다면 '우리에게 전경과 배경이라는 개념이 그렇게 중요한 것인가?'라는 생각이 들 수 있을 것이다. 또 다른 예를 하나 들어 보겠다. 내가 보스턴에 살 때 존 핸콕 보험사는 외벽이 유리로 된 새로운 67층짜리 고층 건물을 지었는데, 그 건물의 유리가 약해 건물 외곽에 있는 코플리 광장으로 계속해서 떨어지는 문제가 있었다. 누구도 그 건물에서 근무할 수 없었고, 건물 옆을 지나가는 보행자 역시 유리가 떨어지지 않을까 노심초사하며 다녀야 했다.

시의회에서는 이 건물의 문제를 해결하지 못한다면 그냥 건물 전체를 파괴하라고 지시했다. 이런 지시를 받고서 그 보험사는 먼저 건물의 외벽 유리가 떨어지는 이유를 파악했다. 그 후 그들은 건물의 형태가 문제의 원인임을 알게 되었다. 건물은 좁은 삼각형 형태였는데 바람이 불면 건물이 휘어지면서 유리 창틀도 휘어지고, 이때 탄성이 없는 유리가 깨져 순식간에 날아가는 것이었다.

이 문제는 핸콕 보험사가 창틀을 휘어질 수 있는 고무 재질로 바꿔 설치하면서 해결되었다. 만약 그 건물의 기반이 더 깊고 넓었다면 문제는 좀 더 일찍 해결되었을 것이다. 이 건물의 문제점을 게슈탈트 용어로 설명하자면 '전경(건물 자체)을 지지할 만큼 배경(건물 기반)이 충분하지 않았다.'라고 할 수 있을 것이다."

배경은 어떤 일이 완성되기 위한 기초다. 배경이 충분하지 않다면 논의되고 있는 어떤 생각도, 바라는 어떤 변화도, 해결을 위한 어떤 노력도 그저 허사가 될 뿐이다.

그렇다면 배경은 언제나 전경 전에 나타나야 하는 것인가

그렇다. 우리는 배경을 먼저 주목해야 한다. 전경과 배경 개념에서 전경은 배경의 초점이 된다. 다시 말해, 배경이 전경을 점차적으로 만들어 가는 것이다.

전경으로 너무 빨리 가려고 하지 말라. 배경이 든든하게 세워진 후에 작업할 전경이 만들어지게 하라. "전경을 찾았다!"라고 소리치고 싶은 마음이 들 때도 있을 것이다. 그러나 그렇게 하지 말고 기다려라. 그것은 단순히 배경에 중요한 요소를 더한 것일 뿐인지도 모르기 때문이다.

한 번에 한 개 이상의 전경을 가질 수 있는가

시도해 볼 수는 있겠지만 아마 혼란스러워질 것이다. 전경으로 발달하기 위해서는 시간과 공간이 필요하다. 전경은 에너지를 필요로 한다. 만약 두 개 이상의 전경이 형성되고 있다면 각 전경에 충분히 에너지를 공급하고 주의를 집중할 수 없을 것이다. 그 전경은 지지할 수 있는 배경이 부족하여 점차 사라지고, '배경으로 돌아가' 버릴 수도 있다. 한 시점에서는 단 하나의 전경만 제대로 지지될 수 있다.

무엇을 의논했는지 혼란스러웠던 한 회의를 생각해 보자. 특정 시점에서 두 개 이상의 전경이 떠오른 경우 어떤 일이 일어났는지 생각해 보자. 동시에 많은 것을 논의했지만 결국 아무것도 성취하지 못한 회의는 그 많은 논의를 통해 배경만 형성했을 뿐 그 배경에서 전경이 떠오르지는 않은 것이다.

전경과 배경이 어떻게 작동하는지 알 수 있는가

전경과 배경을 적용하기 위해서는 연습이 필요하다. 우리는 매일 전경과 배경을 경험하고 있다. 따라서 우리가 할 일은 자기 자신이 하고 있는 것을 알아차리는 것이다. 또한 이야기의 주제와 과정에 주의를 기울이고 배경에서 전경을 떠올리는 것이다. 그리고 계속해서 떠오르는 이야기의 주제나 생각에 주의를 기울이고 알아차려야 한다. 자신의 에너지가 향하는 곳, 즉 전경을 알아차려야 하며, 그 전경에 관심을 가져야 한다.

자신이 교회의 소모임에 와 있다고 생각해 보자. 예를 들면, 교회 친교실의 벽 색깔을 바꾸자는 안건이 나왔다. 당신은 바로 결정을 내리고 "좋습니다, 여러분. 친교실의 벽 색깔을 바꾸자는 의견이 나왔는데, 어떤 색상이 좋겠습니까?"라고 물을 수도 있다. 이처럼 당신이 먼저 결정해 놓고 다른 사람들의 반응을 모아 어떤 색을 칠할지 결정할 수 있을 것이다. 그러나 그렇게 하면 참여한 사람들이 정서적으로 충분히 공감할 수 없게 될 것이다. 왜냐하면 배경이 충분히 형성되지 않아서 전경에 에너지를 집중할 수 없기 때문이다.

이 소모임의 의사결정 과정에서 사람들이 그 친교실의 변천사에 대해 나누게 된다면, 자연스럽게 친교실을 만드는 데 필요한 자금은 누가 지원했으며, 친교실이 왜 만들어지게 되었는지 등에 관해 서로 나눌 수 있게 될 것이다. 그러면 당신은 더 많은 배경을 형성할 수도 있게 될 것이며, "음, 무엇을 말하고자 하시는 건가요?"라고 물어볼 수도 있게 될 것이다. 의사결정에 도움이 되는 좀 더 충분한 배경을 형성하기 위해서는 '그들이 친교실의 의미에 대해 좀 더 이야기 나누고 싶었던 것은 아닌가?'와 같은 전경 질문을 생각해 볼 수도 있을 것이다.

자신이 목회상담을 진행하고 있다고 생각해 보자. 35세의 젊은 남성이 나이 드는 것으로 인한 두려움을 호소하고 있다. 상담자로서 "당신은 젊어요. 아직 미래가 창창해요."라고 격려할 수도 있을 것이다. 하지만 만약 그렇게 한다면 그 내담자와 선명하게 접촉할 수 없을 것이고, 그가 느끼는 두려움이 그 자신에게 어떤 의미가 있는지도 알 수 없을 것이다. 또한 그렇게 되면 상담자는 내담자의 변화를 볼 때 '과정'보다는 '내용'을 따라가게 될 것이다.

배경은 내담자가 제시하는 자료(그의 가족사항이나 인생 경험, 지금 여기에서 그 자료가 그 자신에게 시사하는 의미)를 탐색함으로써 형성된다. 그리고 배경이 형성되어야만 전경이 수면으로 떠올라 그것을 경험하고 탐색할 수 있다.

반복해서 강조하자면, 내담자가 하는 말의 내용만 따라가지 말고 과정을 따라가야 한다. 그래서 내담자의 경험이 형성될 수 있도록 도와야 한다. 또한 상대방의 과정뿐만 아니라 상담자로서 자신과 자신의 과정에도 주의를 기울여야 한다.

이 사실은 몇 년 전 응급실에서 만난 한 환자를 통해 더욱 명확해졌다. 그는 38세의 젊은 남성으로, 가슴 통증을 호소하고 있었다. 실제 검사 결과를 살펴보면 아무런 이상이 없었음에도 그는 계속해서 가슴 통증을 호소했다. 그와 이야기를 나누던 중에 나는 수년 전 돌아가신 그의 아버지 이야기를 듣게 되었다. 그의 아버지가 돌아가신 것도 아버지 나이 38세가 되던 해였고, 돌아가신 계절도 이 무렵이었다는 것이다.

전경이 배경에서 떠오르자 그는 울기 시작했고, 아버지를 상실한 고통을 이야기하면서 그의 가슴 통증은 사라졌다. 기반을 이루는 배경을 형성하지 않고서는 그의 아버지의 죽음이라는 전경과 그의 현재의 경험(상실로 인한 고통과 눈물로 표현된 슬픔)을 연결하는 것은 불가능했을 것이다. 또한 아버지와의 연관성에 대한 직관에 따라 너무 빨리 움직였다면, 배경이 충분히 형성되지 못해서 상실로 인한 고통이 전경에 떠오르지 못했을 수도 있다. 그러면 그의 가슴 통증이 전경으로 계속 남아 있게 되어 나와 상담하는 과정에서 그의 경험(아버지의 죽음이 불러온 상실로 인한 고통과 눈물)이 전경으로 떠오르지 못했을 수도 있다. 즉, 우리의 대화는 '과정'이 아닌 '내용(아무 이상이 없는 가슴 통증)'에 집중된 채로 남아 있었을지도 모른다.

내가 한 일이라고는 과정에 집중하고, 그의 이야기를 귀 기울여 들으면서 그가 전경을 온전하게 떠올릴 수 있게 도와준 것뿐이다.

예배야말로 전경과 배경이 발달하는 과정을 다루는 가장 좋은 예시가 아닐까 싶다. 이론적으로 예배가 진행됨에 따라 각 부분은 다른 부분을 형성하는 데 도움을 준다. 예배로의 부르심은 그것의 가장 기반인 헌신의 배경이 되고, 성경은 설교의 배경이 되며, 찬양은 헌신의 주제에 관한 배경이 된다.

잠시 시간을 갖고 전경과 배경의 관점에서 자신의 예배 생활을 점검해 보자. 배경에서 예배를 형성해 가는 것이 얼마나 더 좋은 예배가 될지 상상해 보자. 예배가 왜 진부하고 평이하게 느껴졌는지 궁금하지 않았는가? 아마도 자신의 배경이 풍성하게 형성되지 않았기 때문일지도 모른다. 아니면 너무 많은 배경만 있고 전경은 없었기 때문일 수도 있다.

목회적 상황에서 의미 없이 느껴질 수도 있는 '잡담'이 어떤 때는 매우 큰 의미를 지닐 때가 있다. 그것이 미래에 일어날 전경의 배경을 내포할 수도 있다는 것이다. 다른 사람의 이야기에 귀 기울이는 것은 자신의 내부에서 생길 믿음이라는 전경을 위한 배경이 될 수 있다. 자녀의 졸업식에 관한 대수롭지 않은 대화도 자녀 교육에 관해 진지한 이야기를 나누게 하는 배경이 될 수 있으며, 아픈 애완동물에 관한 이야기가 향후 자신의 신뢰도에 영향을 주는 배경이 될 수도 있을 것이다. 만약 당신이 전경과 배경에 관해 확실히 이해하고 받아들인다면 우리 인생사의 여러 가지 일이 얼마나 셀 수 없이 많은 방식으로 연결되는지도 알 수 있을 것이다.

주의해야 할 위험 요소가 있는가

그렇다. 두 가지 위험 요소가 있는데 하나는 전경이나 배경에 너무 오래 머무는 것이고, 또 다른 하나는 충분히 머물지 않는 것이다.

전경과 배경을 물결이라고 상상해 보자. 물결은 배경에서 서서히 형성되어 마침내 물결 모양(전경)이 되고, 그 후 다시 사라지기 시작해서 결국 다음 물결이 형성되는 배경으로 돌아간다. 그리고 이런 순환은 지속된다.

- -

모든 전경은 배경을 필요로 하고, 결국은 돌아가 배경이 되며, 이런 일은 마치 죽음과 부활처럼 반복된다. 이 과정은 너무 이르지도 않고 너무 늦지도 않게 반드시 자연적으로 발생하도록 해야 한다.

- -

물결이 생겼다가 사라지는 과정을 반복하지 않고 계속 생성되는 과정만 이어지거나 계속 물결로만 존재하는 경우를 상상해 보자. 생성되는 과정만 지속된다면 물결은 생겨날 수 없고, 그러면 집중된 에너지가 없는 상황이 발생할 것이다. 반면에 물결이 생겨난 후에 다시 부서져 사라지지 않는다면 그것은 다음 물결을 만들어 내는 데 필요한 에너지로 사용될 수 없을 것이다.

전경과 배경의 핵심은 다음과 같다. 즉, 충분한 배경 개발을 통해 전경을 형성함으로써 진부해지거나 피곤해져 버려 집중력이 저하되는 일이 일어나지 않도록 하는 것이다. 또한 전경에 너무 오래 머무르면 안절부절못하게 되고 탄력을 잃을 수도 있다. 그래서 '우리는 이미 해냈다!'라는 식의 정서적 확인이 필요하다.

우리는 에너지가 떨어졌다는 것이 방향감각을 잃었거나 초점을 잃었다는 것임을 경험을 통해 알고 있다. 이런 시점에서는 다음 주제를 찾아 움직여야 한다. 즉, 현재의 전경이 다음 전경의 배경이 될 수 있게 의도적으로 움직여야 할 시점인 것이다.

그래서 우리가 경험하는 첫 번째 '전경' 으로 바로 넘어가면 안 된다는 것인가

그렇다. 처음 논의한 사항이 우리가 주의를 기울여야 할 전경이 되는 경우도 있다. 하지만 대부분은 그렇지 않다. 만약 첫 번째 사항이 전경이 되는 경우라 해도 배경은 지속적으로 개발되어 빠르게 성장하고 있는 이 첫 번째 전경을 지지할 수 있어야 한다. 보통 우리가 경험하는 첫 번째 전경은 진짜 전경을 위한 배경이라고 볼 필요가 있다.

종종 첫 번째로 논의한 사항은 앞으로 논의할 전경의 효과라고 볼 수 있다. 예를 들면, 어떤 사람에게 화가 났다는 것은 관계의 한계 설정에 어려움을 겪고 있음을 의미하는 것일 수 있다.

전경과 배경은 게슈탈트 관점에서 이루어지는 모든 작업을 위한 기반이 된다. 배경은 전경이 세워지기 위한 기초가 되는데, 이것이 충분히 개발되지 않으면 전경을 지탱할 수도, 발전시킬 수도 없다.

성장을 위한 아이디어

자신의 일상에서 전경과 배경이라는 개념에 주의를 기울여 보자. 어떤 형태든 이야기를 발전시키는 데 관심을 가져 보고, 그러한 전경과 배경 작업뿐만 아니라 그 과정이 충분히 발달하지 못할 때는 어떤 일이 일어나는지에도 주의를 기울여 보자. 그런 후에 성경 구절을 읽어 보자. 배경이 어떻게 발전하고 있는지 보자. 어떻게 전경을 알 수 있는가? 비유의 말씀을 이용하여 전경과 배경이 발달하는 과정을 따라가 보자.

▶ **미주**

1. Perls, F., Hefferline, R., & Goodman, P. (1994). *Gestalt therapy: Excitement and growth in the human personality.* Highland, NY: The Gestalt Journal Press, 272.
2. Korb, M. P., Gorrell, J., & Van De Riet, V. (1989). *Gestalt Therapy: Practice and theory.* Needham Heights, MA: Allyn and Bacon.
3. Zinker, J. (1977). *Creative Process in Gestalt Therapy.* New York, NY: Vintage Books, 92.

CHAPTER **4**

주의 기울이기

내담자 중심치료, 사이코드라마, 실존주의 치료나 로고치료와 같이 게슈탈트 치료는 치료 관계에 있어서 현상학적 태도를 취한다. 이는 상담자가 내담자의 주관적(현상학적) 세계에 들어가 그와 그의 관점을 함께 경험하여 공유할 때 상담을 가장 잘할 수 있다는 관점이다. 이런 관점에서는 내담자와 친밀하고 사적인 관계를 유지하는 것이 필요하다. 치료자는 내담자와의 관계에서 냉정하게 거리를 두고 완전히 객관적일 수 없다. 그러므로 치료자는 내담자의 다양한 측면에 온전하게 반응하기 위해서 그의 개인적 감정, 신념, 사고와 가치관을 이해할 수 있어야 한다. 상담자는 관찰자이면서 동시에 참여자가 되어야 한다.[1]

주의 기울이기란 무엇인가

'주의 기울이기(attending)'란 말이나 행동 그 이상이다. 이것은 다른 사람들과 적극적으로 관계를 맺는 방식에 관한 것으로, 게슈탈트 작업의 중심에 자리하고 있다. 주의 기울이기는 단순히 말하면 다른 사람들에게뿐만 아니라 우리 자신에게도 주의를 기울인다는 의미다. 다른 사람에게 주의를 기울인다는 말은 이해하기 어렵지 않다. 다른 사람들을 돕는 일에서 중심이 되는 개념이고 자연스러운 것이기 때문이다. 그런데 자신에게 주의를 기울인다는 개념은 그리 평범한 개념도 아니고, 그래서 자주 잘못 이해되는 것이기도 하다. 하지만 나는 이 주의를 기울인다는 개념이 목회적 돌봄에 매우 잘 어울리는 게슈탈트적 요소라고 생각한다.

게슈탈트 치료에는 주의 기울이기에 대한 두 가지 관점이 있는데, 그것은 수용적(receptive) 관점과 적극적(active) 관점이다. 적극적 관점은 다소 서양적인 것으로 더 외부 지향적이고 적극적이다. 한편, 수용적 관점은 다소 동양적인 것으로 우리 자신에게 주의를 기울이는 것을 말한다. 우리가 받은 목회적 돌봄에 관한 교육은 동양적 관점보다는 서양적, 즉 외부지향적 관점에 기초하는 경향이 있다.

주의 기울이기는 어떻게 할 수 있는가

여러 가지 방법으로 주의를 기울일 수 있다. 잠시 자신이 다른 사람과 연결되어 있다고 느꼈던 때를 떠올려 보자. 어떻게 해서 그런 일이 일어났는가? 그것을 알아차리는 데 어떤 정보가 도움이 되었는가? 아마 그 사람이 당신을 바라보는 방식 때문이었을지도 모른다. 그 사람은 당신이 말하고 있는 것에 관심을 보였을 것이다. 아니면 당신이 말하고 있을 때 그가 보여 준 자세 때문일 수도 있다. 그 사람은 몸을 앞으로 굽혀 당신의 이야기에 매우 관심을 기울였을 것이다. 혹은 좀 뒤로 물러나서 당신이 편안하게 느낄 수 있는 거리를 유지해 주었을 수도 있다. 또는 당신의 얘기를 들으면서 "으흠" "오"라고 반응하며 당신이 자신과 연결되어 있다는 것을 보여 주었을지도 모른다. 당신이 말하고 있는 것에 관해 좀 더 구체적으로 이야기해 달라고 하면서 관심을 보였을 수도 있고, 침묵이라는 큰 선물을 당신에게 주면서 이야기를 경청해 주었을지도 모른다.

이런 각각의 행동과 또 다른 많은 행동은 당신이 다른 사람에게 주의를 기울이고 있다는 것을 보여 줄 수 있는 방법이고, 또한 그로 인해 당신이 다른 사람들과 관계를 맺는 데 도움을 주는 방법이기도 하다. 우리는 다른 사람들에게 관심을 표현하는 데 있어서 자신이 편하게 생각하면서도 잘 개발한 나름의 자연스러운 방식을 각자 가지고 있다.

그렇다면 우리 자신에게
관심을 기울이는 것은 어떤가

어떤 사람들에게는 다른 사람에게 관심을 기울이는 것보다 자기 자신에게 관심을 기울이는 것이 더 어색하고 위험한 일일 수도 있다. 그러나 이것은 모든 사람에게 중요한 일이고 특히 전문 상담사에게는 더욱 중요한 일이다.

다시 한 번 자신이 다른 사람에게 주의를 기울이고 또 서로 연결되어 있다고 느꼈던 때를 떠올려 보자. 어떻게 알 수 있는가? 눈물이 맺히거나 감정이 북받쳤는가? 몸을 앞으로 내밀고 상대방의 이야기에 빠져 있는 자신을 발견했는가? 당신이 다른 사람에게 관심을 보이고 있다는 것을 알아차리게 만든 경험은 어떤 것이었나? 당신이 느낀 감정은 어땠는가? 행복했는가? 슬펐는가? 관심이 갔는가? 아니면 지루했는가? 그 사람에게 어떤 질문을 하고 싶었는가?

우리 각자가 자신을 알아차리는 방식이 바로 스스로에게 관심을 기울이는 방식의 일부일 수 있다. 당신이 해 볼 수 있는 한 가지 실험으로는 음악이나 예술 작품을 접했을 때 자신이 어디에 주의를 기울이는지 유념해서 보는 것이다. 예를 들면, '음악을 들을 때 가사에 신경 쓰는가? 아니면 음률에 신경 쓰는가?' '작품을 볼 때 색감을 보는가? 아니면 형태를 보는가?' 등이다.

사람들과 함께 있을 때 당신이 주의를 기울이는 것은 무엇인가?

그들의 목소리인가? 사용하는 언어인가? 옷차림인가? 아니면 유머감각인가? 자신이 자연스럽게 주의를 기울이는 것이 무엇인지 배우는 시간을 가져 본다. 그래서 자신만의 주의 기울이기 방식을 좀 더 온전하게 개발해 보자. 동시에 덜 개발된 또 다른 방식도 시도해 보자.

다른 사람에게 주의를 기울이는 일은 관계를 발전시키고 유지시켜 준다. 그리고 스스로에게 주의를 기울임으로써 우리는 자기 자신과의 관계를 깊게 유지할 수 있으며, 결과적으로 우리 자신과 관계 맺는 모든 사람과의 관계 역시 깊어지게 된다.

매일 우리의 삶에서 서로 다른 국면에 주의를 기울여 보자. 일하면서도 할 수 있고 텔레비전을 시청하면서, 심지어는 텔레비전 광고를 보면서도 할 수 있다. 시간을 할애하여 다른 사건과 경험에 주의를 기울임으로써 어떻게 자신의 경험이 바뀌는지 알아차려 보자.

그렇다면 이 모든 것에 어떻게 익숙해지는가

우리는 '주의 기울이기'를 전경과 배경, 그리고 과정 대 내용을 통해서도 쉽게 찾아볼 수 있다. 대체로 주의 기울이기는 내담자와의 작업을 형성해 갈 때 활용되는데, 이때 상담자는 자신과 상대방의 알아차림을 증가시킴으로써 도움을 받을 수 있다.

몇 년 전 나는 감정을 잘 느낄 수 없다는 한 젊은 여성과 상담한 적이 있다. 그녀는 모든 것이 '차갑고 무감각하게' 느껴진다고 말하곤 했다. 그런데 나는 그녀가 말할 때 깊은 감정이 나오는 것을 느꼈다. 그녀가 하는 말 속에만 그런 감정이 없을 뿐이었다. 눈에는 눈물이 고였지만 그녀는 결코 울지 않았으며, 말할 때는 가끔씩 팔을 문지르면서 몸을 앞으로 내밀었다가 재빨리 다시 뒤로 기대곤 했다.

상담 회기 중에 나는 그저 "눈가가 젖은 것 같네요."라고 말했다. 그 말에 그녀는 조용히 울기 시작했고, 관심의 초점이 자신의 이야기 내용에서 과정, 즉 감정에 대한 깊은 두려움으로 바뀌었다.

그녀가 이야기를 계속하는 동안 나는 "자신의 모습을 그려 내는 방식에 관심이 가네요."라고 말해 주었다. 그러자 그녀는 힘을 얻은 듯 좀 더 구체적인 이야기를 하기 시작했는데, 그 이야기는 사실에 기반을 둔 이야기가 아니라 자신의 개인 경험에 관한 것이었다. 그 상담 회기가 끝날 즈음에 결국 나는 "당신 이야기를 들으니 여기(내 가슴을 가리키면서)가 아려오네요."라고 말했다. 그녀가 조용히 울면서 말했다. "다른 사람이 나에게 진심으로 관심을 기울일 것이라곤 생각하지 않았어요."

회기 동안 나는 그녀에게 필요한 것이 신체적 공간이라고 생각되면 공간을 내어 주었고, 그녀와 가까워질 필요가 있다고 생각될

때는 가까이 갔다. 그러면서 그녀와 나 자신에게 주의를 기울였는
데, 그 과정에서 그녀가 자신의 경험에 지속적으로 집중할 수 있
도록 안전한 환경을 만들어 주고자 하였다.

앞의 사례에서 정확히 어떤 것에 집중하고 있는가

나는 몇 가지에 집중했다. 우선 그녀의 에너지에 주의를 기울였
으며, 내 관심이 어디로 향하는지에 주의를 기울임으로써 과정을
모니터링했다. "그녀의 에너지가 어디에 있는 거지? 그리고 그녀
는 그 에너지를 가지고 무얼 하려는 거지?"라고 나는 내 자신에게
물었다. 이때 나는 그녀의 눈, 즉 그녀의 눈물이 지닌 에너지에 끌
렸다. 또한 나는 그녀가 감정으로 가득 찬 자신의 이야기를 감정
없이 말하는 모습에도 끌렸다. 그래서 나는 이렇게 말할 수 있었
다. "당신은 자신의 이야기를 하면서도 전혀 표정에 변화가 없군
요." 그렇게 했더라면 나는 아마 그녀의 에너지와 관심을 그녀의
또 다른 부분으로 끌어가게 되었을 것이다. 그리고 그 모든 과정
에서 나는 내가 우리 둘에게 보다 주의를 기울였다면 그녀가 자신
의 전경과 배경을 형성할 수 있게 도움을 줄 수 있었을 것이다. 여
러 면에서 주의를 기울이는 것은 매우 간단해 보인다. 자신이 경
험하는 것에 주의를 기울여 보자. 그러면 그 나머지는 선명한 전
경이 형성되는 쪽으로 자연스럽게 흘러가게 될 것이다.

그렇다면 수용적 주의 기울이기와 적극적 주의 기울이기를 동시에 해야 할 때도 있는가

그렇다. 또는 한 가지만 해야 할 때도 있다. 따라서 우리는 어떤 것이 언제 필요할지 알아야 한다. 다른 사람에 대해 알아차린 것을 너무 많이 나누면 상대방에게 부담을 줄 수 있다. 또한 너무 많은 것으로 인해 배경을 혼란스럽게 할 수도 있다. 동시에 자신과 관련하여 알아차린 것을 너무 많이 나누면 상담의 초점이 다른 사람에서 자기 자신으로 바뀌어 버릴 수 있다.

감정을 잘 느끼지 못했던 여성의 사례에서 만약 내가 알아차린 모든 것(팔을 문지르는 행동, 의자에서 앞뒤로 움직이는 행동 등)을 나눴다면 대화의 초점이 과정에서 '내용 잡동사니'로 이동해 버렸을 것이다. 대신 나는 그녀에게 주의를 기울이면서 내 슬픈 감정에도 주의를 기울였고, 그런 감정을 그녀와의 작업에 도움이 되는 방식으로 나누었다. 내 인생에서 일어난 그와 같은 슬픈 이야기는 이미 내 치료자와 함께 다루었으므로 내 내담자였던 그녀와는 나누지 않은 것이다.

자신에게 주의를 기울이는 일은 언제든지 다른 사람을 이해하는 데 도움을 준다. 우리가 그것을 다른 사람들과 나누지 않더라도 말이다. 자신이 느끼는 슬픔과 기쁨을 인정하고, 그에 따르는 통찰을 지닌 채 자신의 일을 만들어 가는 것은 큰 가치가 있다.

그렇다면 어떻게 일상적 목회사역에
이 개념을 적용할 수 있는가

목회사역을 하는 동안 자신이 취하는 행동을 잠깐 떠올려 보자. 다른 사람들을 돕기 위해 얼마나 자주 '올바른' 질문을 찾고 있는 자신을 발견하게 되었던가? 모임이 정체되었을 때 어떻게 하면 활기를 찾을 수 있도록 할지에 대해 얼마나 자주 고민하는가? 지금 이 순간 일어나고 있는 너무나도 생생한 일을 언급한다면 무슨 일이 일어날 것인가?

상담자 스스로가 당황하여 고통 가운데 있는 내담자에게 무슨 말을 해야 할지 모르는 상담 상황을 한번 상상해 보자. 또한 내담자의 침묵에 주의를 기울여 그가 계속 침묵할 수 있도록 했다면 이루어졌을지도 모를 접촉(connection)에 관해서도 상상해 보자. 또는 "침묵 가운데 당신의 눈이 점점 밝아지는 것을 알 수 있군요." "이 침묵에서 어떤 거룩함을 느끼게 됩니다."라고 말하는 것을 상상해 보자.

뭔가 막혀 있는 것 같은 모임에서 자신이 단순하게 "뭔가 막힌 것 같군요."라고 말한다고 상상해 보자. 혹은 불안감이 느껴지는 토론 중에 그 느낌을 그대로 말하는 자신을 상상해 보자. 자신에겐 중요한 문제라는 것을 보여 주기 위해 "이 화제는 저에게 굉장히 중요한 것 같습니다."라고 말해 보는 것은 어떤가? "우리가 결론에 도달하려고 할 때마다 또 다른 아이디어가 튀어나오는 것 같

습니다."처럼 주의를 기울이는 태도와 "자, 이제 넘어갑시다."라
고 이야기하는 태도는 매우 다르다.

　'어떻게' 주의를 기울이는지의 문제는 다음 내용을 통해 게슈
탈트를 자세히 알게 되면 더욱 확실해질 것이다.

일인칭으로 말하는 것이 중요한가

　그렇다. 나는 '그것'이 아니다(I am not an 'it.'). '그것은 슬프게
느껴지네요('it feels sad.')'라고 말하는 것은 자신을 '그것'으로 만
드는 것이다. 우리는 우리 자신과 자신의 '그것'에 접촉할 수 없
다. 자기 인식, 즉 자신에게 주의를 기울이는 것은 우리 안에서 이
루어져야 한다. 다시 말해, '나는 느낀다.' 또는 '나는 감각을 느
낀다'와 같이 표현해야 한다.

　그러나 당신이 알아차린 것을 나눌 때는 예외다. 예를 들면, "당
신이 그 말을 하면서 눈물을 글썽이는 것 같군요."와 같다. 그러나
나라면 다음과 같이 말할 것이다. "당신은 그 말을 하면서 눈물을
글썽이는군요." 또는 "당신 눈이 젖어 있네요." ("당신이 눈물을 글
썽이는 것처럼 보이네요."에서 '처럼 보이네요'라고 말한 부분은 뺀다.)

　이렇게 간결하게 이야기하는 것은 에너지를 좀 더 빨리 모을 수
있는 있는 방법이 된다. 결국 자기 내면의 알아차림을 나누는 것
이 아니라 접촉을 빨리 이루기 위해 자신이 관찰한 것을 나누는
것이다.

성장을 위한 아이디어

주의 기울이기가 부족하다는 것을 경험하기 위해 다음과 같은 실험을 해 보자. 우선, 자신에게 아주 중요한 신념에 관해 누군가 와 이야기를 나눠 보자. 그리고 그 사람에게 가끔씩 당신을 쳐다 보는 대신 자신의 생각을 이야기함으로써 당신에게 주의 기울이 는 것을 방해해 보라고 부탁하자. 그래서 그 사람이 시선을 다른 데 두면서 자신의 이야기만 할 때 당신에게 어떤 영향을 미치는지 주목해 보자.

일하는 동안 당신이 다른 사람에게 주의를 기울였을 때 나타나 는 효과에 주목해 보자. 다른 사람과 연결이 끊어진 것 같이 느낀 다면 아마 맞을 것이다. 다시 접촉할 수 있게 시도해 보자. 그리고 자신과 그 사람에게 어떤 효과가 나타나는지 보도록 하자.

주의를 기울이면 자신이 하는 일에 에너지가 생긴다. 주의를 기울이 는 일은 행동하는 것과 인내하는 것 모두를 필요로 한다. 자신에게 주 의를 기울이는 방식을 개발하면 자신이 하는 일을 발전시키거나 유지 할 수 있게 될 것이다.

마지막으로, 자신이 선호하는 주의 기울이기 방식을 파악하자.

자신이 주의를 기울일 때 잘 사용하는 방식은 눈맞춤인가? 자세인가? 아니면 목소리인가? 자신이 어떤 방식으로 주의 집중을 하는지 유념해서 보고, 다양한 방식을 통해 균형을 맞추도록 노력해 보자.

▶ **미주**

1. Korb, M. P., Gorrell, J., & Van De Riet, V. (1989). *Gestalt Therapy: Practice and theory*. Needham Heights, MA: Allyn and Bacon, 110–111.

CHAPTER **5**

전체는 부분의 합보다 크다

　게슈탈트 치료의 첫 번째 원칙의 기반은 통합론(또는 전체론 holism)이다. 즉, 통합적 관점에서 본질은 모든 만물이 통일된 하나의 전체라는 것이다. 이런 통합적 관점에서 볼 때 사람에 대한 이해는 심장이나 뇌, 신경계, 팔다리, 그리고 순환계와 같은 각 기관에 대한 이해의 종합이 아니다. 즉, 단순히 여러 기능이 모인 것을 의미하는 건 아니라는 말이다. 일반적으로 이것은 다음과 같이 표현된다. '전체는 부분의 합보다 크다.' 여기서 '크다'라는 말은 질적으로 다른 형태라는 뜻이고, 이것은 또한 어떤 사물이나 사건의 통합성을 말한다. 그러므로 전체라는 것은 새로운 사건이다. 마치 물이 두 개의 수소분자와 한 개의 산소분자로 이루어졌으나 결합했을 때는 질적으로 전혀 다른 새로운 형태가 되는 것처럼 말이다. 또한 마치 우리의 손이 다섯 개의 손가락을 합해 놓은 것보다 더 큰 것처럼 말이다.[1]

내가 처음 오하이오 주로 이사 왔을 때 한 텔레비전 광고를 본 적이 있다. 그 광고는 한 개의 검은 점을 보여 주었는데, 카메라가 점차 그 점을 확대해 가더니 결국 그것이 뭔지 알 수 있을 만큼 가까이 비추었다. 그 점은 검정 벌레였고 그 광고는 농작물 해충 박멸제 광고였다. 이것이 바로 게슈탈트의 통합론적 관점을 잘 나타내 주는 하나의 예라고 할 수 있다. 여러 개의 검은 점으로 이루어진 하나의 큰 검은 점, 바로 그것이었다. 즉, 수많은 검은 점으로 이루어졌지만 전체로 볼 때는 각각의 점을 합쳐 놓은 것보다 더 큰 무엇이 되었다.

'게슈탈트'라는 독일어는 우리말로 바로 번역할 수가 없다. 가장 근접한 번역은 '전체'라고 할 수 있다. 게슈탈트는 어떤 관계에서든 우리가 전체를 알아차릴 것을 요청하는데, 알아차림 그 자체가 바로 게슈탈트 교육의 첫걸음이다. 게슈탈트는 우리가 전체를 보기 위해 한 발자국 물러나 보아야 한다고 강조한다.

전체에 집중한다는 것은 다른 사람의 삶 전체에 가치를 두는 것이다. 그들의 삶에는 당신도 포함되며, 그들의 모든 삶을 포함한다. 그리고 이런 관점을 통해 우리 삶이 경험하는 모든 것에서 가치를 확인할 수 있다.

목회사역을 하는 사람으로서 당신은 이것이 우리에게 자연스러

운 것이라고 생각할지도 모르겠지만, 사실은 그렇지 않다. 목회자들은 자주 특정한 한 영역에만 집중함으로써 전체의 가치를 놓쳐 버리곤 한다.

목회적 돌봄의 과정에서 신학생들과 대학원 신학생들 가운데는 이 전체라는 개념을 잘 이해하지 못하거나 지각하지 못하는 이들도 있다. 신학대학 임상 목회 교육(clinical pastoral education: CPE)의 초점이 기술이나 이론을 가르치는 것은 아니지만, 학생들은 질문하곤 한다. 목회사역을 위한 집중교육 프로그램인 임상 목회 교육에서 이런 점이 더 두드러질 수 있다. CPE 사례를 발표하는 것을 보면 상담자와 내담자 사이의 대화는 일대일로 다뤄질 뿐 통일성 있는 전체로 다뤄지지 않는다.

'전체는 부분의 합보다 크다.'의 의미가 실제로 실현되기 위해서는 치료자가 내담자 삶의 개별 요소뿐 아니라 그들 삶의 전체 리듬과 의미 역시 적극적으로 배우려고 해야 한다. '전체는 부분의 합보다 크다.'의 의미는 또한 다른 사람들과 우리 자신에게도 도움이 된다. 우리가 자신의 삶을 좀 더 잘 알아차리게 되면서 자신의 삶이 지금 여기에서 어떻게 통합적으로 관계를 맺고 있는지 알아차릴 수 있기 때문이다.

그렇다면 사람 전체를 알기 위해 부분적인 것은 무시해도 된다는 의미인가

아니다. 결코 그렇지 않다. 오히려 전체 이야기 안에서 이런 부분이 어떤 의미를 지니고 있는지 알아차리고 있어야 한다. 이 개념을 실천하기 위해 치료자는 내담자가 자신의 전체성에 주의를 기울이게 도와주면서 각 부분을 의식하고 있어야 한다. 다시 말하자면 전체라는 전경을 위해 '부분'은 배경이 된다는 것이다.

게슈탈트에서 1 더하기 1은 2 이상이다. 부분뿐만 아니라 전체에 집중하는 것은 현재 일어나고 있는 모든 경험을 가치 있게 여기는 것이다. 전체에 주의를 기울임으로써 우리는 자신의 현재 모습(what is)과 진정으로 관계를 맺게 된다. 그리고 그것(현재 모습)은 다시 우리가 되고자 하는 모습(what is to become)의 배경이 된다.

성장을 위한 아이디어

현대사회의 문화로 인해 매일의 삶에서 당신이 다른 사람들과 공동체를 전체로 보지 못하고 인위적으로 나누고 있는 것을 주의 깊게 생각해 보라. 제한된 한 관점에서만 자신의 인생을 바라본다면 그 인생이 어떨 것 같은지 주의 깊게 생각해 보라. 또 다른 사람에게는 어떨 것 같은지 생각해 보라.

▶ 미주

1. Latner, J. (1973). *The Gestalt Therapy Book*. Highland, NY: The Gestalt Journal Press, 4, 5.

CHAPTER **6**

알아차림

게슈탈트 치료를 반대하는 일반적인 이유는 그것이 너무 자아의식적이라는 것이다. 이러한 시각은 게슈탈트 치료에서 내담자가 스스로 무엇을 하고 있는지 이미 너무 많이 알아차리고 있으므로 그들에게 필요한 것은 오히려 알아차림의 어떤 부분을 포기하는 능력이라고 본다. 그래서 자신을 덜 의식하며, 품위 있고 자유롭게 행동할 수 있어야 한다는 것이다. 언뜻 보기에는 이런 반대 의견이 맞는 것처럼 보인다. 하지만 게슈탈트 치료에서 관심을 갖는 알아차림은 내담자가 자신의 통전성을 회복하고 기능을 통합하도록 돕는 것이다. 또한 내담자가 자신의 행동을 바꿀 수 있도록 돕기 위해서 먼저 그들의 행동과 함께 나타나는 감각이나 감정을 받아들이게 해야 한다고 본다. 자신이 알아차린 것을 수용할 수 있는 능력이 회복의 결과로 어떤 것이 드러나든 상관없이 받아들이는 일은 새로운 행동을 시작하는 데 꼭 필요한 과정이다. 그러므로 알아차림이란 기껏해 야 자신의 변화를 시시각각 알려 주는 수단일 뿐이다.[1]

'알아차림'이라는 말을 자주 사용하는데, 이것이 게슈탈트에서 특별히 중요한가

이 질문에 답하기 위해 작은 실험을 해 보자. 우선 의자에 편히 앉아 본다. 발바닥은 땅에 붙이고, 팔은 팔걸이에 올려놓고, 눈을 감고 자신이 경험하는 것을 알아차려 보자.

의자에 앉아 있는 동안 어떤 소리가 들리고, 어떤 냄새가 나며, 어떤 맛이 느껴지는가? 발은 어떤 느낌인가? 손은 어떤가? 숨 쉴 때마다 가슴에 와 닿는 자신의 옷이 느껴지는가? 아니면 자신의 숨소리만 들리는가? 알아차려 보자.

그다음 눈을 뜨고 한번 자신의 주위를 둘러보자. 무엇을 알아차리게 되는가? 무엇을 보는가? 방 안은 어떤 색깔인가? 그림자는 어디 있는가? 알아차려 보자.

'알아차림(awareness)'은 자신의 감각을 통해 이루어진다. 우리는 알아차림을 '경험'하는 것이다. 여기서는 '경험'이 핵심 단어다. 경험이란 우리가 느끼는 것이 정확하게 무엇이고, 생각하는 것이 정확하게 무엇인지를 의미하는 것이 아니다. 우리 안에서 일어나고 있는 것이 무엇인지에 관한 것이다. 즉, 우리 몸의 감각과 정서, 감정, 그리고 생각까지를 포함한다.

온전히 알아차리는 것과 단순하게 느끼는 것은 다르다. 사무실에서 누군가와 이야기하고 있다고 해 보자. 그녀는 만성 질환에 대해 당신에게 이야기하고 있다. 그녀의 눈에 눈물이 맺히는 걸 보고 당신은 "어떤 느낌이 드세요?"라고 묻는다. 그녀는 "슬퍼요."라고 말한다. 그녀와 당신이 감정을 '행복하다' '슬프다' '화난다' '기쁘다' 등으로 표현할 수 있는 것이라고 생각한다면 그것은 문화를 통해 터득한 것이다.

알아차림은 느끼는 것 이상이다. 그것은 우리 각자가 개인으로서, 그리고 좀 더 큰 체계의 일부로서 자신을 경험하는 것이다. 그리고 이 경험은 신체와 정신 그리고 영혼을 포함하는 총체적인 것이다.

앞의 사례에서 "어떤 느낌이 드세요?"라고 묻지 않고 "우리가 이야기 나눌 때 당신 자신이 무엇을 알아차렸는지 궁금하군요?"라고 물었다면 어땠겠는가? 그러면 아마 "속이 메스껍고, 내가 울고 있다는 것을 알아차렸어요. 또 팔로 뭔가를 세게 치고 싶다는 느낌이 들어요. 제가 어렸을 때 겪은 느낌이 생각나네요. 사람들은 제가 농구팀에 들어갈 정도로 키가 충분히 크지 못할 거라고 했죠. 전 정말 그 느낌이 싫어요. 그것은 제가 결코 변할 수 없을 것이라고 느끼게 만들죠."

알아차려 봄으로써 우리는 이미 일어나고 있는 현상을 더 잘 알아차릴 수 있다. 이처럼 우리는 언어를 바꾸거나 초점을 바꾸는 단순한 변화를 통해 자신이 어떤 감정이나 감각을 느끼고 나눠야 하는지 알려 주는 문화코드에 따라서 반응하지 않고, 대신 '원래 모습'으로 반응할 수 있다. 단순히 '알아차려 보라.'고 요구함으로써 자신의 일부에만 관심을 갖던 사람이 지금 여기에 존재하는 온전한 자신의 전체에 관심을 갖도록 변화시킬 수 있다.

동시에 게슈탈트 치료는 상담자 자신 또한 스스로 알아차릴 수 있어야 한다고 격려한다. 게슈탈트 관점에서 보면 우리가 경험하는 것은 자신과 다른 사람들 간의 관계라는 전체의 일부에 지나지 않는다. 이와 같이 관계라는 관점에서 이해하는 '전체'의 개념이 게슈탈트 치료를 다른 형태의 상담 이론과 구분할 수 있게 만드는 부분이다.

만성 질환을 겪던 사람의 사례에서, 자신의 알아차림을 나누는 일이 어떤 가치가 있을지 상상해 보자. 자신의 슬픔을 나누는 일이 어떤 가치가 있는지 생각해 보자. 자신의 눈에서 눈물이 흐르고 있다고 상상해 보자. 알아차림을 통해 우리의 모든 감각을 경험할 수 있다. 단지 우리의 '감정'뿐만 아니라 우리 자신 전체가 바로 이해를 위한 도구가 되는 것이다.

어떻게 이런 원리를 목회적 돌봄에
적용할 수 있는가

알아차림은 예배에서 창의적으로 활용할 수 있다. 일반적으로 우리는 성찬식의 빵과 포도주를 눈으로 보고 결국 맛보게 된다. 그런데 만약 자신의 시각이나 미각이 손상되었다면 그럴 수 없을 것이다. 우리는 포도 향 가득한 과자를 준비해서 방 전체를 달콤한 향기로 채울 수 있을 것이며, 제단에서 직접 빵을 구울 수도 있을 것이다. 상상해 보자.

영적 발전을 위해 기도하는 동안 사람들에게 그들 자신의 손을 알아차려 보라고 할 수도 있다. 사람들은 기도하는 자신의 부드러운 자세를 점점 더 많이 알아차릴 수 있을 것이고, 그래서 좀 더 반듯한 자세를 취하고 싶어 하거나 다른 자세를 취하고 싶어 할 수도 있다. 사람들에게 그들 자신의 눈물을 좀 더 알아차려 보라고 한다든지 위로의 메시지가 담긴 성경 말씀을 듣고 그 말씀을 어떻게 경험하는지 알아차려 보라고 하는 등의 활동을 통해 목회상담에 알아차림을 활용할 수 있다.

그렇다면 알아차림의 목표는 사람들을 알아차리도록 만드는 것인가

그렇지만은 않다. 다음 장들을 통해 확인할 수 있겠지만, 목회적 돌봄의 목표는 사람들이 자기 자신과 환경을 더 많이 알아차리게 도와주고 안내해 주는 것이다.

알아차림을 통해 사람들은 의사결정을 할 수 있는 좀 더 넓은 기반을 가질 수 있다. 그러므로 당신은 사람들이 알아차리도록 만들 수는 없다. 그저 사람들이 좀 더 잘 알아차릴 수 있도록 지지하고 이끌어 주는 역할을 할 수 있을 뿐이다.

알아차림은 배워서 습득할 수 있는 기술이다. 우리 문화는 느끼는 것과 알아차리는 것을 동일시한다. 그러나 사실은 그렇지 않다. 우리는 알아차림이라는 개념의 모든 면을 알아차림 훈련을 통해서만 확실히 이해할 수 있다. 이것을 통해 시간이 흐르면서 우리는 점점 더 많이 알아차리고 있는 자신을 인식할 수 있다.

또한 당신은 사람들이 어떤 한순간에 일정량의 알아차림만을 다룰 수 있다는 것을 숙지해야 한다. 계속해서 알아차림을 증진해 가는 것은 도움이 되지도 않고 지혜로운 방법도 아니다. 사람들이

받아들일 수 있는 한계선이 있는데, 사람들은 그 선을 넘으면 당황한다. 내 게슈탈트 훈련 프로그램에 참여했던 한 친구가 생각난다. 그 친구는 연휴가 끝난 후 자신의 내담자를 절반 이상 잃어버리게 된 일을 이야기해 주었다. 그는 내담자 스스로 에너지를 없앨 수 있는 방법을 만들어 주지 못한 채 알아차림을 높여 가는 데만 초점을 맞춘 것 같았다. 그들은 너무 잘 알아차리게 되었고, 그 결과 성장과 변화에 접촉할 수 있는 자신의 능력을 잃어버리게 되었다. 그러므로 다른 사람들의 알아차림을 높여 주려고 할 때는 주의해야 한다. 즉, 그들의 과정에 주의를 기울여야 한다.

▶ **미주**

1. Polster, E., & Polster, M. (1982). *Gestalt Therapy Integrated: Contours of theory and practice.* New York, NY: Vintage Books, 207-210.

CHAPTER **7**

주제

주제는 우리가 다른 사람들과 함께할 때 만들어지는 지각의 덩어리로,
우리가 어떤 사람이며 무엇을 하는 사람인지에 대한 의식적·무의식적
지각과 우리 자신을 세상에 드러내는 구조화된 방식을 의미한다. 주제는
우리의 알아차림을 조직하며, 우리에게 의미 없이 윙윙거리는 소음이나
특정한 인상 혹은 기억으로밖에 남지 않는 것에 의미와 통일성을 부여하
게 한다.[1]

게슈탈트 치료에서 '주제'의 의미는 무엇인가

주제는 여러 가지 방식으로 설명할 수 있다. 미국 클리블랜드

게슈탈트 치료 연구소의 창시자이자 교수인 Rainette Frantz는 주
제를 다음과 같이 다양한 방식으로 설명한다.

> 주제는 회기가 어떤 방식으로 진행될 것인지를 알려 주고 상담 회기를
> 통합한다. 게슈탈트에서는 주제를 우리가 삶을 지각하는 인지체계(도식)
> 또는 스크린이라고 생각한다. 주제는 한밤의 어둠 속 또는 새벽의 고통
> 속에서 우리의 경험에 의미를 부여하기 위해 우리 스스로에게 만들어 주
> 는 이야기다.[2]

나의 멘토이자 교수였던 고(故) Tim LeBar 박사는 다음과 같이
설명했다.

> (주제란) 일어나고 있는 일을 우리가 다룰 수 있는 단위로 조직화하는
> 것이다. (그것은) 한데 묶여서 공통된 전경과 배경을 만들어 낸다. 그것은
> 좋거나 나쁜 것, 또는 옳거나 그른 것이 아니다. 어떤 주제든 합의된 것이
> 라면 상관없다. 인간의 삶에는 많은 주제가 있는데, 이때 에너지와 자발
> 적인 마음이 선택의 길잡이가 될 수 있게 해야 한다.[3]

무엇이 주제인가? 주제는 이야기를 주고받는 과정 가운데 저절
로 흘러나오는 줄거리다. Tim이 말했듯이 주제는 우리가 하고 있
는 일을 엮어서 하나로 만들어 줌으로써 개발할 수 있다. 즉, 주제
는 배경에서 나오고 전경을 활용한다. 주제는 작업의 길잡이고,
드러난 부분과 조각들로 이루어진 전체다. 마치 작업을 하나로 묶

는 줄거리 맥락처럼 주제는 한 차원에서 이해될 수도 있다.

그렇다. 주제는 일반적이거나 구체적인 다양한 초점을 가질 수 있다. 어떤 주제는 세계 평화와 같은 거대한 일에 관한 것일 수도 있고, 어떤 주제는 데이튼에서 가장 맛있는 치즈 스테이크 샌드위치를 살 수 있는 곳처럼 작은 사건에 관한 것일 수도 있다.

주제를 어떻게 확인하는가

주제는 자신이 느끼는 에너지와 관심을 통해 가장 쉽게 확인할 수 있다. 자신의 일상적 경험에 주의를 기울인다면 주제를 알아차릴 수 있을 것이다. 주제는 대화 가운데 서로 주고받는 모든 것, 즉 말뿐 아니라 작업이 되어 가는 추세를 통해서도 드러나며, 전경이 되는 경험에서도 드러난다.

예를 들면, 나는 자신의 어머니에 관해서는 얘기하고 싶지 않다면서 대화를 시작한 한 젊은 여성과 작업한 적이 있다. 그녀가 자신의 어머니와 다른 사람들에 관해 말하는 동안, 나는 그녀가 사람들과의 관계에서 한계를 긋고 유지하는 것을 어려워한다는 사실을 알았고, 곧 그것이 바로 우리의 작업 주제라는 걸 알게 되었다.

문제의 핵심은 그녀가 다른 사람들과 관계를 맺는 방식에 있어서 그들이 결정하도록 내맡겨 버린다는 것이었다. 그녀는 자신의 생각보다 다른 사람들의 충고를 따르곤 했으며, 다른 사람들의 관점을 통해 자신을 이해하곤 했다. 내가 이 주제를 경험하게 된 것은 그녀가 말한 내용, 관계 맺는 것을 주저하는 그녀의 태도, 관계에 대한 그녀의 관점 때문이었다. 또한 상담 과정에서 작업에 대한 자신의 생각은 거의 말하지 않으면서 내가 이끄는 대로 기꺼이 따라오는 것을 보면서도 알 수 있었다. 나중에 다루게 되겠지만, 그녀는 관계에서 '융합'을 보이고 있었던 것이다.

  작업 과정에서 우리가 초점을 둔 것은 그녀의 이야기 내용이 아니었다. 즉, 그녀의 어머니나 오빠, 남자친구와의 관계 등에 관한 이야기 내용에 초점을 두지 않았다. 대신 우리는 "나는 다른 사람들과 관계 맺는 방식을 그들이 결정하게 해요."라는 말이 담고 있는 주제에 주의를 기울였다.

주제는 단지 작업의 실마리일 뿐인가

  게슈탈트에서 주제는 단지 작업의 실마리 그 이상이다. 게슈탈트 관점에서는 내담자의 변화를 지지하는 과정에서 가장 중요한 것이 주제다. 지금부터 설명할 내용은 조금 어려울 수도 있지만 명심하도록 하자.

  주제의 새로운 정의는 다음과 같다.

  주제: 가장 중요한 전경과 방향을 말한다.

목회적 돌봄이란 사람들이 자신을 비롯하여 세상과 관계 맺는 특정한 방식에서 또 다른 방식으로 변화하는 것에 관심을 갖는 것이다. 심방이나 모임을 인도하는 일 또는 강의, 목회적 돌봄 등은 한 사람 혹은 많은 사람이 새로운 방식으로 살 수 있도록 돕는 일이다. 게슈탈트 용어로 말하자면, 사람들이 새로운 관계 방식을 '바라거나 필요로' 하고 있다는 것을 스스로 알아차리게 하는 것이다.

여기서 서로 반대되는 변화와 저항이라는 두 방향의 중간 지점에 관한 설명이 필요하다. 부모는 양육 방식을 바꾸고 싶어 할 것이고, 성인은 늙어 가는 부모님과 새로운 방식으로 관계 맺기를 원할 것이며, 교회 위원회는 새로운 조직 방식을 원할 것이다. 앞의 모든 경우에서 변화를 향한 바람과 필요를 표현하고 있다. 변화를 바라는 것이 바로 가장 중요한 전경의 한쪽이다. 다른 한쪽은 변화를 바라거나 필요로 하지 않는 쪽으로, 저항을 의미한다.

축하를! 이제 주제의 절반을 이해하였다. 다른 절반은 **방향**인데, 예를 들어 설명하겠다. 자신이 미식축구 게임을 하고 있고 골라인을 향해 달리고 있다고 상상해 보자. 그런데 가장 큰 장애물이 앞길을 가로막고 있어서 정지했다. 골대를 향해 계속 달려가 점수를 얻을 수 있도록 터치다운을 해야 하는데, 골대까지 가는 길을 가로막고 있는 인해장벽을 생각하면 그것은 최선의 방법이 아닌 것 같다. 하지만 미친 듯이 뛰어서라도 점수를 내고 싶다. 그래서 뒤로 물러선 후 그 사람들로부터 가급적 멀리 갈 수도 있고, 10m 전진 또는 후진해 보면서 자신이 내려야 할 결정을 가늠해 볼 수도 있을 것이다. 이와 같이 향할 수 있는 방향은 다음 세 가지 가운데 하나가 될 수 있다.

① 원하는 방향으로, 즉 바라는 변화를 향해 갈 것인가? ② 저항하는 방향으로, 즉 지금의 그 모습을 유지하며 있을 것인가? ③ 두 방향 가운데로, 즉 옛날 방식과 새로운 방식 모두를 시도해 볼 것인가?

주제: 작업을 조직하고, 방향을 정하며, 에너지를 공급한다.

목회사역에 게슈탈트 원리를 적용한다면 '방향'과 '주제'는 중심이 되는 개념이다. 게슈탈트의 기초 원리는 알아차림과 선택이고, 주제는 행동에 적용되는 원리다. 내담자가 어떤 방향으로 선택하는지에 온전히 주의를 기울이면 그가 변화를 향해 움직일 수 있도록 당신이 버텨 줄 수 있다. 즉, 내담자는 "난 정말 변하고 싶어."라고 말한 후 "아니야. 그냥 이대로 지낼 거야."라고 말하고, 곧 다시 "정말 어떻게 해야 할지 모르겠어."라는 식으로 말한다. 이와 같은 의사결정 과정은 우리 모두의 안에 존재하는 긴장감을 반영하는 것으로, 이것을 버텨 줄 수 있게 된다는 것이다.

방향에 집중함으로써 당신은 내담자가 마음을 정하는 과정을 버텨 줄 수 있다. 또한 내담자의 "어떻게 해야 할지 모르겠어요."라는 반응을 "양쪽 다 시도해 보고 싶어요."라는 마음으로 바꿔 줄 수도 있다.

사람들의 주제가 뭔지 알아보기 위해 알아차려야 할 것은 무엇인가

먼저, 주제에 대해 내담자와 자신이 서로 동의해야 한다는 것을 기억하자. 자신이 생각하는 주제를 내담자에게 강요해서는 안 된다. 앞서 언급한 젊은 여성의 사례, 즉 대인 관계에서 한계를 긋는 것이 필요했던 사례에서 우리는 주제에 관해 서로 동의했다. 그래서 작업의 방향에도 동의할 수 있었다.

작업 주제를 전경으로 선명하게 떠올리기 위해 내담자와 자신의 생각을 나누고 탐색할 수도 있을 것이다. 그러나 주제는 작업의 중심이 되기 때문에 주제에 관해 서로 이해하고 동의하는 것이 중요하다. 주제가 떠올라 성장을 위한 탐색을 할 수 있으려면 그 주제는 배경의 충분한 지지를 받아야 한다. 만약 배경을 충분히 탐색할 수 없다면 내담자가 관심을 가질 만큼 가치 있다고 생각하지 않게 돼서 에너지가 부족하게 된다. 또한 주제는 전경과 배경 관계의 산물이라는 것을 기억하자. 그렇기 때문에 한번 전경으로 떠오른 후에는 다시 배경으로 물러가야 한다. 다시 말해, 어떤 주제가 더 이상 유용하지 않을 때는 또 다른 주제가 떠오르도록 해야 한다는 것이다.

사례 소개

주제가 어떤 식으로 발전되고 사용되는지 간단히 설명해 보겠다.
어떤 아버지와 작업하고 있다고 상상해 보자. 그에게는 이제 막
10대에 접어든 아들이 있다. 지금까지 아버지와 아들은 그다지 친
밀한 관계로 지내지 못했지만, 아버지는 이제 좀 아들과 가까워지
고 싶어 한다. 몇 회기의 목회상담을 통해 아버지가 가지고 있는
몇 개의 주제가 드러났다. 이 아버지는 자신의 아버지와도 좀 소
원한 관계에 있었다. 그는 최근에 막 40대에 접어들었고, 가족과
새로운 방식으로 살아 보고 싶어 했다. 그의 아들 역시 아버지를
알고 싶어 했다.

가장 중요한 전경은 욕구(want/need)로 구성되어 있다. 여기에
서 욕구는 아들과 좀 더 대화를 많이 하고 싶어 하는 아버지의 바
람이라고 할 수 있겠다. 또한 전경에는 이러한 욕구에 대한 저항
(resistance)도 포함되어 있다. 여태까지 그래 왔던 것처럼 아들과
소원한 채로 그냥 그렇게 지내고 싶다는 저항도 있을 것이다.

상담의 방향은 아버지가 아들과 함께 더 연결될 수 있도록 하는
것, 즉 내담자의 욕구를 충족시키는 방향으로 갈 수 있을 것이다.
반면에 그 아버지는 저항하는 쪽으로 갈 수도 있다. 여태까지 그
랬던 것처럼, 혹은 이전보다 더 거리를 두는 것이다(이 부분에 관해
서는 제12장의 '변화의 역설 이론'을 읽고 난 뒤에 더 정확하게 이해할
수 있을 것이다). 아니면 새로운 방식과 과거의 방식 모두를 시도해

볼 수도 있다. 이런 시도는 각각 다른 결과를 가져올 것이고, 이 시도를 통해 더 잘 알아차리게 되고 최상위 전경을 더 잘 이해하게 될 것이다.

교회 모임이라는 또 다른 예를 들어 보자. 교회 모임을 어떻게 진행해야 하는지에 대해 다시 생각해 봐야 한다는 바람과 필요가 생겼다. 어떤 사람들에게는 교회 모임이 너무 독단적인 것처럼 느껴졌기 때문이다. 또 다른 사람들은 어떤 변화도 있어서는 안 된다고 반대하며 저항했다.

이 시점에서 문제는 다음과 같다. 주제가 충분히 명료화되었는가? 그렇지 않을 수도 있다. 그러므로 배경이 좀 더 개발되어야 한다. 즉, 교회 생활에서 모든 차원의 모임에 좀 더 많은 평신도 리더가 참여하는 것이 바람직하다는 최종의 전경과 함께 배경이 좀 더 개발되어야 한다는 것이다.

여기서 최상위 전경은 평신도가 좀 더 많이 참여할 필요가 있다는 것이고, 저항은 지금까지 그랬던 것처럼 성직자 리더들로만 구성해야 한다는 것이다.

이런 상황에서 가능한 방향은 다음과 같다. ① 바람과 필요를 택해서 교회 모임에 평신도 리더가 새롭게 참여하는 것이 어떤 의미가 있는지 탐색해 보게 한다. ② 저항하는 쪽을 택해서 교회 모임에 전보다 더 많은 성직자 리더가 참여하는 것이 어떤 의미가 있는지 탐색해 보게 한다. ③ 양 극단을 다 취해 보는 것으로, 어떤 모임은 평신도 리더들과 함께해 보고, 또 어떤 모임은 성직자 리더들과만 함께해 보게 한다.

이 과정에서 나는 적극적이 되곤 하는 것 같다

그렇다. 게슈탈트에서는 내담자의 변화를 돕기 위해 치료자가 자신의 내담자와의 관계 경험 및 치료 과정의 참여자로서 경험을 활용할 것을 권장한다. 이러한 점 때문에 게슈탈트 치료가 목회상담에 매우 적합한 기법이라고 나는 믿는 것이다. 게슈탈트에서는 사람 사이의 관계를 상담 과정에 없어서는 안 되는 필수 요소로 중시한다.

주제에 대한 마지막 내용

주제는 마스터하기 어려운 개념일 수도 있다. 매일 부딪히는 일상의 주제에 주의를 기울이기 위해 시간을 내 보자. 어떤 일을 전과 다르게 해 보기로 했을 때, 또는 전에 하던 대로 할 때 주제를 알아차려 보자. '이도 저도 아닌 중간 지대(the land of in-between)'에 갇혔다고 느낄 때, 변화를 원하면서 현재 상태 그대로 지내기를 원할 때, 그리고 두 가지 모두를 탐색하며 경험하고 싶어 할 때 각각 어떤 일이 일어나는가? 자신의 삶에 속한 주제를 스스로 더 많이 경험할 수 있게 허락해 주면 줄수록 주제의 원리를 파악할 수 있게 되고 그것을 사용할 수 있게 된다. 모험을 하자. 그리고 예전의 방식과 새로운 방식, 아니면 중간의 그 어떤 방식 중 자신의 방향을 선택하자. 또한 경험에 주의를 기울여 보자.

성장을 위한 아이디어

주제는 우리가 매일 경험하는 것이지만 매 순간 항상 우리가 그것을 알아차릴 수 있는 것은 아니다.

주제에 대한 알아차림을 높이기 위해 신문이나 잡지 기사를 하나 선택해 보자. 그런 다음 맨 마지막 단락부터 거꾸로 한 단락씩 읽어 보자. 이 기사에 대한 어떤 단서나 주제가 잡히는가? 주제에 어떤 일이 일어나고 있는가? 전경이 되는 주제의 배경이 사라져 버렸는가? 혼란스러워 이해할 수가 없는가?

영화나 텔레비전 프로그램, 라디오 프로그램이나 무대 공연을 보자. 주제가 얼마나 분명한가? 주제가 분명하지 않을 때 어떤 일이 생기는가? 공연의 의미가 사라져 버리는가?

마지막으로, 별 성과 없이 끝나 버린 어떤 모임을 잠시 생각해 보자. 아마도 모임의 목적과 목표가 분명하지 않았을 것이다. 주제의 개념이 모임에 어떤 영향을 미치겠는가?

▶ **미주**

1. Gestalt Institute of Cleveland. postgraduate training program, year

one.

2. Gestalt Institute of Cleveland. postgraduate training program, year
   one.

3. Gestalt Institute of Cleveland. postgraduate training program, year
   one.

CHAPTER **8**

접촉 경계와 유기체의 자기 조절 능력

게슈탈트 치료에서는 서로 다른 것과의 만남을 접촉이라고 한다. 예를 들어, 모래와 바다가 만나는 것이 접촉이다. 한편, 서로 다른 것이 만나 형성되는 사건은 접촉 경계라고 한다. 접촉 경계는 접촉하는 서로 다른 요소들 간의 차이와 접촉으로 인한 연합, 즉 접촉에 의한 전체를 모두 포함한다.[1]

'접촉 경계' 란 무엇이며 게슈탈트 이론의 실제와 어떻게 연관되어 있는가

게슈탈트 이론의 핵심은 유기체들 간의 관계, 즉 한 유기체와 그

유기체가 아닌 것 사이에 존재하는 관계다. 다시 말하자면, 알려진 것과 알려지지 않은 것 사이의 관계를 말한다. 바로 이곳, '나와 너(I and Thou)' 그리고 '나와 내가 아닌 것'이 만나는 이 접촉 지점이 변화가 일어나는 곳이다. 이 지점을 '접촉 경계'라고 한다. 접촉이라는 용어는 단순히 만나는 것만을 의미하지 않는다. 접촉하기 위해서는 다른 사람들로부터의 분리와 자기 자신에 대한 명확한 알아차림이 필요하다. 명확한 접촉을 하기 위해서는 자신에 대한 알아차림과 접촉하는 위험, 즉 지속적으로 접촉에 의해 사로잡히게 되는 위험을 필요로 한다(여기서 위험이란 내가 아닌 영역이나 알려지지 않은 영역에 지속해서 접촉할 때 경험하는 위기 및 위험을 회피하거나 포기하지 않음으로써 생기는 지속적인 위험을 말한다).

바로 앞 단락에서는 변화에 관해 이야기했다. 게슈탈트 관점에서 이를 이해하는 것이 중요한데, 변화는 자연스럽게 발생하기도 하지만 선택의 문제이기도 하다. 그것은 접촉 경계에서 발생하는 접촉의 결과로 생겨난다. 게슈탈트 관점에서의 작업이란 변화가 일어나는 방향으로 선택하게 하는 것을 말한다. 우리는 매일, 심지어 매 순간 이러한 경계를 경험한다. 접촉은 우리가 매번 '과연 내가 원하는 게 이게 맞나? 아닌가?' 하고 고민할 때마다 이루어진다. 또한 어떤 구절을 읽어 내려가면서 '여기서 말하는 이걸 믿을 것인가? 아닌가?' 하고 궁금해할 때마다 접촉이 이루어지는 것이다. 경계는 접촉이 느껴질 때 분명해진다. 즉, 불안이나 의문, 관심 또는 에너지에 대한 일반적인 알아차림 등의 다양한 형태로 에너지가 증가할 때 경계를 알아차릴 수 있다. 이러한 에너지는 접촉 지점에서 일어난다. 접촉 경계에서 일어나는 접촉의 결과로 에너지가 발생하는 것이다.

'접촉 경계'라는 것이 실제로 어떻게 작용하는 것인지 몇 가지 예를 통해 살펴보겠다. 예배 위원회 모임 가운데 자신이 새로운 예배 순서를 소개하고 있다고 한번 상상해 보자. 토론을 진행하면서 점차 에너지가 상승하는 것을 느낄 수 있을 것이다. 믿기 힘들겠지만, 논쟁까지 일어날 수도 있을 것이다. 이 토론은 이미 알려진 것, 즉 현재 진행되고 있는 예배 순서와 알려지지 않은 것, 즉 새롭게 제안된 예배 순서를 중심으로 이어지게 될 것이다. 여기서 에너지는 관심과 갈등, 알려진 것과 알려지지 않은 것 사이의 상호 변화 가능성에 관여하게 될 것이다.

질병에서 회복 중인 어떤 사람이 의사로부터 자신에게 가족의 도움이 필요할 것이라는 이야기를 들었다고 가정해 보자. 그 환자는 '아니, 난 스스로 해낼 수 있어.' 혹은 '그 누구라도 내 벗은 몸을 보게 할 수 없어! 특히 내 아이들에겐!'과 같은 생각을 할 수 있을 것이다.

접촉 경계는 알려진 것과 알려지지 않은 것이 만나는 장소다. 접촉 경계에서는 에너지를 공유하며, 새로운 알아차림을 향해 움직인다.

접촉은 앞선 사례에 등장하는 환자가 자신을 이해하는 것, 자신

이 도움이 필요하다는 것, 자신의 벗은 몸을 다른 사람들이 볼 수 있다는 것을 알게 되는 지점에서 일어난다. 변화에 관한 토론은 바로 이 접촉이 발생하는 경계, 즉 지금 여기에서 일어난다.

유기체의 자기 조절 능력

게슈탈트 치료에서는 상담을 받으러 오는 어떠한 내담자라도 그들 안에 스스로 성공적인 삶을 영위할 수 있게 해 주는 기능인 자기 조절 능력에 필요한 모든 에너지와 자원이 이미 존재하고 있다고 가정한다. 내담자가 아무리 자신이 얼마나 약하고 의존적이며, 자신의 삶을 헤쳐 나갈 능력이 없는지 강조한다고 해도 치료자는 모든 내담자 안에 스스로를 조절할 수 있는 건강한 기제인 유기체의 자기 조절 능력이 잠재해 있다는 것을 가정하고 치료에 임해야 한다. 인간을 전체적(통전적)으로 보는 이 개념은 단순히 편리를 위해 사용하는 개념이나 하나의 심리학적 관점이 아니다. 이것은 바로 게슈탈트 치료의 기반이 되는 개념이다.[2]

'유기체의 자기 조절 능력'이란 무엇인가

'자기 조절 능력'이란 변화를 위해 필요한 힘이 한 개인이나 한 집단에 의해 조절되는 과정을 말한다. 자기 조절 능력은 개념인 동시에 활동이라고 할 수 있으며, 유기체가 자신의 정체성을 유지하는 데 필수적인 것이다. 자기 조절 능력이 없다면 우리는 자신의 정체성을 유지할 수 없을 것이다. 우리가 하려고 하는 목회적 돌봄은 여러 면에서 사람들이 자기 조절 능력을 얻을 수 있게 돕는 것이다. 그래서 자신의 내적 과정과 변화하고 성장하고자 하는 욕구를 스스로 찾고 지지할 수 있도록 말이다.

경계 조절 유형은 다양한가

자기 조절에 의한 접촉 방식은 연속선상에서 생각할 수 있다. 한쪽 끝에는 극단적으로 유연한 경계 조절 유형, 즉 언제 어디에서든 변화가 대체로 쉽게 일어나는 방식이 있는가 하면, 또 다른 쪽 끝에는 경직된 경계 조절 유형이 있다. 경직된 유형의 사람들은 어떤 종류의 변화에도 매우 방어적인 모습을 보인다. 이런 사람들은 변화를 두려워하거나 변화가 가져다줄 결과를 두려워할 것이다. 따라서 그 경계가 경직되고 절대적인 것처럼 보일 수 있다.

게슈탈트 치료에서는 사람들이 자신을 좀 더 잘 알아차릴 수 있도록 도와서 각기 다른 상황에 맞는 접촉 방식을 선택할 수 있게 한다. 이런 방식으로 사람들은 자신이 '표준'이라고 생각하면서 늘 사용해 오던 한 가지 방식에만 의존하지 않고, '실제로' 어떻게 변화할 수 있는지에 대해 좀 더 창의성을 발휘할 수 있다.

접촉 경계와 자기 조절 능력은 작업을 할 수 있는 접점을 제공한다. 그리고 바로 이 접점에서 변화를 어디에서 얼마나 강렬하게 일으킬지 결정한다.

접촉이 일어나는 지점에서 어떤 일이 일어나는지 충분히 이해함으로써 사람들은 자신을 이해하고 스스로를 존중하는 방식으로 변화 과정을 더욱 잘 조절할 수 있게 된다.

'경직되거나 유연한 경계' 라는 이 개념이 어떻게 내 상담 작업에 영향을 미치는가

연속선상에 있는 접촉 경계 유형을 고려하면, 사람들 마음속에서 작동하는 내적 과정은 서로 다르다. 사람들이 경직되어 보인다거나 유연하게 보인다는 사실 자체가 바로 그 사람들의 적응 능력과 현재 다루고 있는 일에 투여하는 에너지양을 말해 준다고 볼 수 있다.

한 예배 위원회에서 당신이 새로운 찬송가 선정에 대한 생각을 나누고 있다고 상상해 보자. 에너지가 올라오고, 서로 편이 나뉘어 당신의 견해를 방어하려고 하는 것을 보게 될 것이다. 이때의 경계는 경직된 것이다.

이런 상황에서 상담자가 할 일은 접촉 경계를 부드럽게 하여 서로의 생각을 나눌 수 있게 해 주는 것이다. 아니면 적어도 이처럼 경직된 경계가 갖는 역할의 가치를 확인하도록 해 주는 것이다. 이때 사용할 수 있는 도구는 전경과 배경, 그리고 과정 대 내용이다.

경직된 경계에 내재해 있는 위험에는 어떤 것이 있는가

경직된 경계는 '주는(give, 또는 여는)' 것을 방해한다. 따라서 어떤 형태의 변화, 심지어는 변화에 대한 논의조차도 어렵게 된다. 경직된 경계는 또한 자신을 잃어버리는 것에 대한 두려움을 나타내는 것이다. 그래서 어떤 에너지도 방출되거나 공유되지 못한다.

동시에 경직된 경계는 특정한 원칙이나 이상에 대한 강한 신념을 나타낸다. 경직된 경계 그 자체는 좋거나 나쁜 것은 아니다. 단지 경직된 경계가 그렇다는 것뿐이다. 따라서 특정한 순간에 경직된 경계를 갖는 것이 건강한 것인지의 여부가 관건이다.

어떤 교회 예배부 모임에서 교회 게시판에 붙일 대자보의 글자색이 토론 주제가 되었다고 상상해 보자. 찬송가 선정에 관한 토론보다는 더 적은 에너지가 소모될 것이다. 토론은 변화의 의미보다는 실행 계획에 초점을 맞추어 진행될 것이다. 이때의 경계는 유연하며, 따라서 더 많이 '주게(열게)' 된다.

경직된 경계를 가진 사람이 자신을 잃어버릴 것에 대한 두려움을 더 많이 가지고 있다면 좀 더 유연한 경계를 가진 사람은 자신을 쉽게 잃어버린다. 따라서 너무 유연한 사람은 조금 더 견고한 경계를 가지고 명확하게 방어할 필요가 있다. 둘 중 어느 쪽이든지 자신의 접촉 방식에 대해 좀 더 알아 가는 것이 중요하다.

경계와 접촉하고 자기 조절하는 것은 배경을 더 잘 알아차릴 수 있게 해 주고, 변화가 전경으로 떠오를 수 있게 지탱해 주며, 변화를 향해 갈 수 있게 에너지를 공급해 준다.

두 경계 조절 유형 모두 접촉과 잠재적 변화의 지점에서 좀 더 풍성하게 자신을 경험할 수 있도록 스스로 돕는 노력을 해야 한다. 찬송가 선정 토론과 관련해서 말하자면, 이것은 방 안의 에너지를 주의해 보고 난 후, 사람들이 현재 부르고 있는 찬송가에서 어떤 점이 가치가 있다고 생각하는지 물어보는 것이다. 좀 더 유연한 경계와 관련된 사례였던 대자보 글자색에 관련된 일에도 동일한 방식을 적용할 수 있다. 대자보를 보았을 때 어떤 느낌이 들었는지 사람들에게 물어볼 수도 있을 것이다. 두 경우 모두 배경을 발달시킴으로써 전경이 좀 더 두드러지도록, 즉 의사결정이 좀 더 두드러지도록 할 수 있다.

경계가 더 유연한 사람은 이미 변화하고, 기꺼이 변화를 원하며, 그럴 수 있는 능력도 있는데 왜 그들이 더 알아차릴 수 있게 도와주어야 하는가

그들이 정말 기꺼이 변화하고 싶어 하는가? 스스로를 잘 알고 있는가? 이런 질문은 유연한 경계가 견고한 경계보다 '더 나은' 것처럼 보이게 한다. 자신은 경계를 어떻게 경험하는지, 또 그에 대해 어떤 가치판단을 내릴 수 있는지 자기 자신을 주의해서 살펴보자.

이 질문에 대한 답을 두 부분으로 나눠서 하겠다. 먼저, 우리의 목표가 단순히 사람들이 변화하도록 하는 것만은 아님을 기억하자. 우리의 목표는 사람들이 스스로를 더 잘 알아차려 갈 수 있게 돕는 것이다. 그렇게 함으로써 사람들을 스스로의 힘으로 성장하거나 변화하거나, 그대로 남아 있게 하는 것이다.

유연한 경계를 가지고 있는 것처럼 보이는 사람들이 자신에 대한 알아차림을 높일 수 있게 해 주는 것은 그럴 만한 가치가 있는 일이다. 가끔 이러한 경계는 보이는 게 전부가 아니다.

어떤 사람이나 어떤 집단의 사람들이 "문제 없어요. 저는 융통성 있는 사람이에요."라고 말할 때 실제로 변화에 쉽게 적응하는 것처럼 보일 수도 있을 것이다. 그러나 변화에 관해 느끼는 개인적 감정이나 가치를 말해 보게 하면, 이들의 경계가 좀 더 명료하게 정의되면서 덜 유연하다는 것이 드러날 것이다. 따라서 이들은 이런 기회를 통해 자신을 더 잘 알게 되는 것이다. 이들은 유연함에 관한 **내사**를 하고 있는 것일 수도 있다(**내사**라는 단어를 기억하자. 나중에 다루게 될 것이다).

여러모로 볼 때, 접촉 경계 유형은 학습된 행동이다. 여기서 우리가 할 수 있는 일은 자신뿐 아니라 자신이 아끼고 함께하는 사람들에게 스스로를 좀 더 충분히 알아 가고, 자신의 접촉 방식을 알아 갈 수 있게 해 주는 것이다. 이러한 방법을 통해 당신과 그들은 좀 더 분명하게 '접촉 경계'를 알아차릴 수 있을 것이며, 향후 일어날 변화의 모양을 조절하거나 선택할 수 있게 될 것이다.

접촉 경계를 경험할 때 명심해야 할 점은 무엇인가

게슈탈트의 핵심 개념 가운데 하나는 '안전한 위기(safe emergencies, 또는 안전한 비상사태)'라는 것이다. 이 개념은 중요하다. 왜냐하면, 변화를 향해 작업할 때 접촉 경계에서 작업하게 되기 때문이다. 이 경계는 사람들에게 잘 알려진 친숙한 곳일 수도 있지만 두려움으로 가득 찬 곳일 수도 있다.

사람들이 '알고 있는 것 혹은 모르는 것'과 접촉할 때, 그들은 자기 자신과 다른 사람들에게 상처받기 쉽다. 이러한 변화의 한가운데에서 사람들이 자신의 정체감을 유지하려는 욕구를 알아차리는 것은 중요하다. 어떤 변화의 과정이든 그것은 다른 사람뿐만 아니라 당사자인 자신이 자각하는 가운데 이루어져야 할 필요가 있다. 접촉하는 모든 지점마다 접촉 경계와 그로 인한 효과가 조절되고 용인되는 방식으로 이루어져야 할 필요가 있다. 이런 과정을 '단계적(grading, 또는 점진적)'이라고 한다. 이것이 바로 안전한 위기를 만들어 내는 것이다. 몇 가지 예를 들어 보자.

방금 몇 명의 교회 임원에게 예배 방식을 바꿀 예정이라고 말했다고 하자. 침묵의 순간이 지나고 나면 사람들의 목소리가 커지면서 동시에 방 안의 에너지도 올라갈 것이다. 사람들은 예배 전통의 중요성과 적응에 대한 두려움을 이야기할 것이다. 한마디로 말하자면, 이런 경우 접촉 경계가 완전히 막혀 버려서 경계는 경직되고 사람들은 불안해한다.

논제를 '단계적'으로 이끌어 가는 방법은 예배 방식의 수정 가능성에 대해 이야기 나누는 것이다. 또는 교회 예배 생활에 관해 피드백을 요청하는 것이다. 이러한 방식이라면 위기(비상사태) 가운데서도 안전하다는 느낌을 받을 수 있고, 변화를 흡수할 수 있는 가능성과 함께 알고 있는 것과 알지 못하는 것 사이에서 접촉이 일어날 수 있다. 여기서 다시 게슈탈트의 기본 개념인 전경과 배경 및 과정 대 내용이 역할을 하게 된다.

상담에서 점진적 과정과 자기 조절 능력은 둘 다 똑같이 중요하다. 관계가 얼마나 편하고 에너지가 얼마나 있는지 가늠해 봄으로써 자신이 혹시 사람들에게 '씹을 수 있는 것보다 더 많이 베어 물게' 한 것은 아닌지 알 수 있다. 해결 방법은 간단하다. 더 작은 조각으로 잘라 놓는 것이다.

다른 사람들을 돕기 위해서는 그들이 경험하는 변화의 과정을 지지해 줄 수 있는 안전한 위기를 연출해 주어야 한다. 안전한 위기를 만들어 주는 것은 신뢰 형성 및 변화를 향한 움직임에 결정적 역할을 한다.

앞서 접촉의 지점에서 느낄 수 있는 불안에 관해 언급했다. 이 것이 게슈탈트 작업의 핵심 지표다. 내담자가 변화에 필요한 에너 지를 만들어 내도록 하기 위해 상담자는 접촉 경계에서 느끼는 내 담자의 불안을 충분히 지지해 줘야 할 필요가 있다. 동시에 시스 템이 과부화되지 않게 에너지를 조절해 줄 필요가 있다. 여기서 다시, 상담자도 상담 체계의 일부이며, 그래서 상담자의 알아차림 은 이러한 균형을 유지하는 일에 중요하다.

내담자의 자기 조절 능력을 이해하는 것이 바로 내담자의 '저 항'을 게슈탈트 관점에서 이해하는 것이다. 이에 관해서는 다음 장에서 좀 더 알아볼 것이다.

성장을 위한 아이디어

잠깐 시간을 내어 외부세계와 자신이 어떤 방식으로 '접촉하는 지' 탐색해 보자. 어떤 상황에서 자신이 다른 사람들보다 좀 더 견 고한 경계를 만드는 것 같은가? 어떤 경험을 했을 때 그런 견고한 방식이 필요하게 되곤 하던가?

자신의 믿음 안에서 어떤 쟁점이 자신을 좀 더 유연하게 혹은 덜 유연하게 만드는가? 어떤 관심사에 자신의 마음을 더 열게 되는가?

성경의 어떤 이야기가 경계 접촉과 자기 조절 능력을 말해 주고 있는가? 제자들의 부르심과 관련된 이야기를 읽어 보자. 누가 바로 따랐는가? 누가 생각할 시간이 필요했는가? 예수님은 무엇 때문에 언덕에 기도하러 가셨는가? 예수님은 경계 접촉과 자기 조절에 관한 어떤 모델을 제공하고 계시는가?

▶ **미주**

1. Latner, J. (1992). The Theory of Gestalt Therapy In E. C. Nevis (Ed.), *Gestalt therapy: Perspectives and application.* New York, NY: The Gestalt Institute of Cleveland Press, 25.

2. Korb, M. P., Gorrell, J., & Van De Riet, V. (1989). *Gestalt Therapy: Practice and theory.* Needham Heights, MA: Allyn and Bacon, 13.

CHAPTER **9**

양극성

양극성이란 사람들이 양극적 특성의 한쪽에만 자신을 강하게 동일시할 때 나타나는 현상이다. 게슈탈트 치료에서는 양극화 과정으로 인해 사람들이 자기개념과 자기/타자 개념을 자주 왜곡하게 된다고 생각하는데, 이런 양극화로 인한 왜곡이 지속되는 이유는 사람들이 스스로 동일시하는 쪽에 더 많은 에너지를 사용하기 때문이다. 이런 양극화에 따른 또 다른 결과는 사람들이 스스로 현재 동일시하고 있는 쪽의 개념과 일치하지 않는 특성이나 경험을 계속해서 부인한다는 것이다.[1]

'양극성' 은 무엇인가

양극성 개념을 이해하는 것이 게슈탈트 변화를 이해할 수 있는 열쇠가 된다. 즉, 이 개념을 명확하게 절충해야만 변화와 성장 과정을 지탱할 수 있다는 것이다. 쉽게 말하면, 양극성이란 자신이 양극의 한쪽을 탐색하고 있을 때 언제나 그 반대쪽도 있다는 것을 믿는 것이다. 가령, 'X'가 있다고 할 때 이 'X'와 반대되는 것이 언제나 존재한다는 것이다. 게슈탈트 용어로 말하면 'X' 쪽을 향하거나 'X'에서 멀어져 반대쪽으로 갈 수 있다는 것이다. 양극의 한쪽 극단에 매달리거나 과장함으로써 그 한쪽뿐 아니라 다른 쪽역시 좀 더 선명하게 접촉할 수 있게 된다. 제7장 '주제' 부분을 통해 이 개념을 기억할 수도 있다.

이것이 어떻게 도움이 되는가

흔히 인생의 전환점에서, 또는 무언가 결정해야 할 때 우리는 이따금 무기력감을 느낀다. 이러한 무기력감은 우리 안의 양극성에 대한 자각이 부족해서 생기는 것이다. 사람들은 자신이 어떤 상황에 처해 있는지 알아차리지 못한 채 하나의 상황에 묶여 버린다.

사람들이 자신의 양극성을 탐색해 볼 수 있는 기회와 역량을 갖는다면 선택할 기회는 늘어난다. 그들은 자신이 처한 상황과 그렇지 않은 상황을 통합할 수 있다. 이로 인해 그들은 자신의 개인적 배경에 대한 감각을 더 잘 알아차리게 되고, 좀 더 충만한 전경을 발달시킬 수 있게 된다.

목회적 돌봄에서 이 개념을 어떻게 활용할 수 있는가

나는 목회상담의 다양한 영역에서 이 개념을 활용한다. 아주 간단한 방법인데, 특정한 행동에 묶여 있다고 느끼는 사람에게 그런 식으로 행동하지 않는다면 어떤 다른 행동이 있을 수 있는지 물어본다. 어떻게 보면 간단하게 들릴 것이다. 그렇지 않은가? 사람들이 자신의 삶에서 이 양극성 개념을 적용한다면 변화를 향한 자신의 가능성과 변화에 대한 저항을 자각할 수 있게 된다.

나는 예전에 주로 싸움을 통해 의사소통하는 부부와 작업했던 적이 있다. 이런 사람들은 최근에 싸운 일에 관해 이야기하고 싶어서, 혹은 누가 잘하고 잘못했는지 판단받고 싶어서 상담을 찾는다. 그들은 싸움의 '내용'에 관해서 나누고 싶어 할 뿐, 의사소통 '과정'에 관해서는 나누고 싶어 하지 않는다.

나는 그들에게 싸움의 양극성에 초점을 맞춰 보라고 했다. "싸움을 하지 않으면 어떨 것 같나요?"라고 내가 물었다. 이 질문이 간단해 보이는가? 아니다. 전혀 그렇지 않다. 이것은 그들에게 새로운 것이었다. 그들은 양극성의 다른 부분에 관해 이야기 나누기 시작했는데, 싸움을 하지 않는 상황이 어떨 것 같은지 설명하는 것을 매우 어려워했다. 짐작대로, 이것은 이 부부에게 이전에도 있었지만 결코 자각하지 못했던 다른 대안을 배우는 위대한 여정이 되었다. 지금 여기에 초점을 맞춘 상담을 통해 이 부부는 자신들이 이전에 어떠했으며, 또 어떠하지 못했는지 나눌 수 있게 되었다. 이 부부가 새로운 기회를 탐색할 수 있는 계기가 된 것이다.

양극성은 우리 안의 다른 부분, 즉 덜 자연스럽고 잘 알려져 있지 않은 부분을 탐색할 기회를 제공한다. 양극성 탐색을 통해 우리는 자신에 대해 더 넓고 깊게 이해할 수 있으며, 자각할 수 있게 된다.

나는 위원회 일을 통해 양극성이 효과가 있다는 것을 자주 경험한다. 위원회 위원들 가운데는 회의에 참석하거나 인솔하는 특정한 방식에 고착되어 있는 사람들이 있다. 이런 경우 나는 현재의 리더십에 반하는 모습에 대해서 논해 보라고 한다. "우리가 X 대신 Y 식으로 일한다면 어떻겠습니까?" 그런 후 나는 그들에게 그것이 '마치' 지금 여기에서 일어나는 것인 양 행동해 보라고 한다.

이를 통해 나는 '마치 ……인 것처럼(as if)' 행동하는 것이 사람들에게 즐거운 학습 경험이 된다는 것을 알게 되었다. 사람들은 실패에 대한 두려움 없이 새로운 행동이나 방식을 경험할 기회를 갖게 되는 것이다. 그리고 이것이 끝나고 난 후에 사람들은 새로운 행동뿐 아니라 '예전' 행동에 대해서도 더 잘 알게 된다. 이것은 재미있는 일이다.

일반적으로 나는 "또 다른 쪽이 궁금하군요."라고 하면서 양극성 개념을 사용한다. "만약 당신이 반대되는 행동을 한다면 어떻게 될지 궁금하군요." 하고 말이다. 이처럼 꽤 단순한 표현을 통해서도 사람들은 자신이 처해 있는 상황과 그렇지 않은 상황 둘 다를 자각하게 된다. 그러면 선택이 가능해지는 것이다.

성장을 위한 아이디어

자신의 양극성을 자각하는 것은 중요하다. 그러므로 잠시 자신이 믿고 있는 어떤 것 또는 지금 현재 믿고 있는 그 어떤 것에 마음을 기울여 보자. 자, 바로 지금 무엇을 경험하는가? 위로를 경험하는가? 혹은 침묵을 경험하는가? 아니면 평안함을 경험하는가? 이제 잠시 그 경험의 반대되는 것을 상상해 보자. 지금은 무엇을 경험하는가? 덜 평화롭고 덜 조용한가? 양극성에 대한 자신의 알아차림이 증가하면서 양극 모두를 더 잘 알아차리게 되는가?

▶ 미주

1. Korb, M. P., Gorrell, J., & Van De Riet, V. (1989). *Gestalt Therapy: Practice and theory.* Needham Heights, MA: Allyn and Bacon, 14.

CHAPTER **10**

저항

전통적 관점에서 저항은 우리가 친구를 만나거나 숙제를 하거나, 또는 작곡을 하는 것과 같이 확인할 수 있는 어떤 구체적 목표를 지니고 있음을 전제한다. 그리고 우리가 가진 이런 목표를 달성하지 못하게 하는 내적 방해를 저항이라고 하는데, 이것은 끈질긴 것이며 우리의 자연스러운 행동과도 맞지 않는 것이다. 이처럼 전통적 관점에서는 저항을 '올바른' 목표를 이루기 위해 반드시 제거해야 하는 장벽으로 여긴다.[1]

하지만 저항을 제거하려고 하기보다는 다음과 같이 이해하고 받아들이는 것이 더 좋다. 즉, 저항을 통해 우리가 성장하게 된다고 받아들이는 것이 가장 좋은 방법이고, 가장 좋지 않은 방법은 저항이 어쩔 수 없는 우리 정체성의 일부라고 받아들이는 것이다.[2]

통상적으로 사용하는 '저항'이라는 용어를 게슈탈트 치료에서는 독창적 적응(creative adjustment)이라는 용어로 대치한다. 저항은 보통 변화하거나 성장하지 않으려는 것처럼 보이는, 또는 치료자의 지시를 받아들이지 않으려는 것처럼 보이는 사람들의 심리적 특성을 말한다. 반면, 게슈탈트에서는 저항을 독창적 적응력과 유기체의 자기 조절 능력이라고 본다. 즉, 저항도 사람들이 이 세상에 존재하는 방식의 일부로서, 전 인격적 해법을 추구하는 치료 접근에서는 그들에게 자신의 일부를 별도로 떼어 놓고 생각할 것을 요구하지 않는다.[3]

저항이라는 용어에는 별로 내키지 않는 내적 상태에 대한 외적 관찰이라는 의미가 담겨 있다. 내 경험에 비추어 보면, 겉으로는 그저 심드렁하게 별로 변하고 싶지 않아 하는 모습이 실은 내적 위기, 즉 살아남기 위한 싸움일 수도 있었다. 이것은 저항에 대한 현상학적 정의, 즉 나의 내적 경험 및 내면 생활을 통해 검증된 타당성을 강조한 정의라고 할 수 있다.[4]

게슈탈트 관점에서의 저항은 어떤 것인가 전통적 관점의 저항과 비교하면 어떤가

좀 더 전통적 관점에서 말하는 저항과 게슈탈트 관점에서 말하는 저항 간에는 상당히 큰 차이가 있다. 게슈탈트 관점에서 말하는 저항은 이론뿐 아니라 상담 실제에서도 차이가 난다. 게슈탈트 관점을 논하기 전에, 몇몇 부류의 배경지식이 저항에 대한 이러한 차이를 이해하는 데 도움을 줄 것이다.

　정신분석 초기에는 저항을 일종의 방어로 보았다. 즉, 저항이 치료의 진행 과정을 방해한다고 본 것이다. 그것은 '나쁜' 것이었다. 프로이트는 심리치료의 목적이 내담자의 무의식적 자료를 그의 과거에서 현재로 가져오는 것이라고 했다. 그리고 이런 작업을 할 수 없는 내담자의 무능을 '저항'이라고 주장했다. 그래서 이 무능력은 극복되어야 하고, 대항해서 싸워야 하는 것이었다.

　Wilhelm Reich는 저항이 근육을 통해 드러나는 것이라고 이해했다. 그는 긴장된 근육은 억압된 감정의 표식이라고 보았으며, 이런 감정이 내담자에게 알려져 있지 않은 것이기 때문에 표면으로 드러나야 하는 것이라고 생각했다.

　게슈탈트 치료의 창시자인 Fritz Perls는 Reich의 추론이 맞다고 생각했는데, 그가 주장한 몸과 마음의 관련성에 동의했다. 그런데 Reich는 신체 과정이 내담자의 '진정한 자기'를 찾는 데 방해가 된다고 또한 생각했다. 프로이트처럼 저항은 나쁜 것이며, 그래서 제거하는 것이 '좋다'고 본 것이다. 실제로 저항을 없애는 것이 그의 치료 목적이었다.[5]

그렇다면 게슈탈트 관점은 어떤 것인가

　간단히 말해, 저항이란 "아니요."라고 말하는 내담자의 독창적 방식이다. 게슈탈트에서는 저항을 한 사람의 일부로, 즉 그 사람에게 없어서는 안 될 중요한 부분으로 본다. 여기서 저항은 사람들이 '자기 조절'을 통해 안전하게 자신을 유지하는 방법이다. 저항은 내담자의 일부로서 그에게 없어서는 안 되는 한 부분이며, 변화를 경험하는 과정에서 내담자가 통합된 자신을 느끼고 유지할 수 있게 해 주는 능력 체계다.

저항의 구체적 내용에 대해서는 이 책의 제2부에서 다룰 것이다. 저항에 관해 우리가 기억할 것은 사람이나 그 사람의 체계가 자신을 변화시킬 수 있는 능력이 없다는 것은 나쁜 것도 좋은 것도 아니라는 것이다. 그것은 단순히 그럴 뿐이다.

잠시 번지점프대에서 뛰어내리는 것을 상상해 보자. 실제로 자신이 그 상황에 있다고 상상해 보자. 먼저, 당신은 점프대까지 걸어갈 것이다. 그리고 안전장비를 장착한 후 모서리까지 걸어가서 뛰어내릴 것이다. 자, 그런데 여기서 당신은 뛰어내리기 전에 살짝 점프를 할 수도 있고 그렇지 않을 수도 있다. 잠시 멈춰 서서 십자가 성호를 긋고 짧게 기도할 수도 있고 그냥 뛰어내릴 수도 있다. 멈춘다는 것은 단순히 "아니요, 지금 당장은 안 되겠어요."라고 말하는 것이다. 그리고 이것이 바로 저항이다.

그렇다면 저항에 대항하여 싸울 것이 아니라 그것의 가치를 인정해야 한다는 것인가

그렇다. 저항은 가치가 있다. 그래서 탐색하고 그 가치를 인정하며, 활용할 수 있어야 한다. 다음 사례를 보면 더 자세히 알 수 있다. 나는 한 부부와 작업하고 있었는데, 무슨 이유 때문인지 불안을 느꼈다. 왠지 배 속이 평상시보다 더 긴장되어 있다는 것을 알게 되었고, 또 보통 때보다 내 자신이 좀 더 과민해져 있다는 것을 알게 되었다. 잠시 후 나는 그 이유를 알게 되었는데, 남편이 내가 하는 말마다 꼬투리를 잡았기 때문이었다. 그는 늘 예외적인 것을 찾아서 말하곤 했다. 나는 내가 화를 내고 있다는 것을 알았고, 마치 그의 허를 찌르려고 애쓰는 유도 경기를 하고 있는 것처럼 느꼈다. 실제로 나는 그의 허를 찌르려고 했다. 두말할 것도 없이, 이 첫 회기는 실패였다.

내담자의 허를 찌르려는 내 시도와 관련해서 슈퍼비전을 받은 후, 나는 다음 회기에서는 그의 저항과 싸우지 않겠다고 다짐했다. 그가 자신의 생각을 탐색할 수 있는 여유를 줄 뿐 아니라 그의 생각을 회기 안에서 통합할 수도 있게 해 주어야겠다고 생각했다. 그리하여 나는 그의 저항과 싸우지 않았고, 그와 이론적 실랑이를 하는 대신 그의 감정과 생각이 '전경'으로 떠오를 수 있게 해 주었다. 그가 자신의 생각을 더 잘 알아차리게 되자 나는 그 생각의 가능성뿐 아니라 한계까지도 볼 수 있게 되었다. 그리고 실로 우리 둘 모두 그 순간을 진심으로 함께할 수 있었다.

누군가에게 '위협당하는' 것에 대한 두려움이 그에게 있다는 것이 명확해졌다. 그의 저항은 "잠깐, 내게도 생각이 있다고요. 내 생각을 포기하고 당신의 생각을 그저 받아들일 수만은 없죠." 라고 말하는 그의 독창적 방식이었다.

이제 실험 하나를 해 보기로 하자. 실험에는 두 사람이 필요하다. 그러므로 이걸 읽고 난 후 함께할 짝을 찾아 한번 해 보도록하자.

먼저 자신의 양발을 벌린 채 짝에게서 몇 발자국 떨어져 선다. 그리고 각자 자신의 팔을 앞으로 뻗는다. 발은 움직이지 않고 손으로만 짝을 밀어 본다. 무슨 일이 일어나는가?

사람들은 보통 세게 밀려고 한다. 하지만 이내 세게 밀려고 하면 할수록 상대방이 자신을 더 통제한다는 것을 알게 된다. 사실 이때 자신은 상대방에게 자신의 에너지를 주고 있는 셈이다. 이를 해결할 수 있는 비법은 다음과 같다. 즉, 다른 사람과 싸우려고 할 때처럼 힘을 세게 가하지 않고 '접촉'할 만큼만 가볍게 가하는 것이다. 만약 접촉만 한다면 자신의 뜻대로 상대방의 손을 움직이게 할 수 있다는 사실을 알게 될 것이다.

다른 방식으로도 시도해 보자. 한 손은 힘을 빼고 다른 한 손에만 힘을 준다면 어떤 일이 일어날 것인가? 팔을 아래로 내리거나 어깨 위로 올린다면, 혹은 저항을 '강하게' 또는 '부드럽게' 한다면 어떻겠는가?

이것 또한 전경과 배경 관계를 이해할 수 있는 좋은 실험이다. 자신의 양발 사이 간격을 전후좌우로 얼마나 벌리고 서는지에 따라 어떻게 달라질 수 있는지 실험해 보자. 자신의 '배경'이 충분하지 않을 때(즉, 두 사람 사이의 발 간격 또는 자신의 양발 사이 간격이 몸의 균형을 유지할 만큼 충분치 않을 때) 자신의 '전경'(상대방을 밀거나 접촉하는 일)에 어떤 일이 일어나는지 확인해 보자.

그래서 '저항을 다루는' 목적은 무엇인가

그 목적이란 게슈탈트의 핵심 목적이기도 한 '사람들이 자신의
저항을 체험을 통해 알아차리도록 돕는 것'이다. 여기서 핵심 요
소는 사람들이 언제 어떻게 저항하는지, 또는 언제 어떻게 변화
과정을 막고 있는지 알아차리고 그 행동의 지속 여부를 스스로 선
택할 수 있게 한다는 것이다. 사람들은 자신의 행동에 따르는 선
택을 할 수 있다.

우리가 어떻게 저항하는지 아는 것이 왜 중요한가

그것이 중요한 몇 가지 이유가 있다. 첫 번째, 저항을 알아차리
면 우리는 그 저항을 탐색해 볼 수 있다. 즉, 그걸 전경으로 떠올릴
수 있다. 그래서 그걸 통해 우리 자신에 대해 알 수 있게 된다. 저
항의 가치는 무엇인가? 어떻게 그것이 우리에게 도움을 줄 수도
있고 해를 줄 수도 있는가?

사람들이 저항을 알아차리면 그것의 주변을 맴돌면서 저항에 대
해 어느 정도 검토할 수 있게 된다. 어떤 경우엔 저항으로 인해 바
로 변화를 향해 움직일 수도 있을 것이고, 또 다른 경우엔 그러지
못하고 저항을 좀 더 알기 위해 시간을 보내야 할 수도 있을 것이
다. 그리고 저항 저편으로 움직여야 할 때가 언제인지 선택해야 할

때도 있을 것이다. 어떤 경우든 자신의 삶에서 저항의 역할을 인정하게 되고, 때로는 그 역할의 가치에 대해서도 배우게 된다. 우리가 저항 가까이 가기 전에 그것은 보이지도 않고 자각할 수도 없다.

우리가 저항을 이해한다는 것은 우리 삶 안에서 저항의 가치와 자리를 인정하게 된다는 것이다. 그러고 난 다음에야 우리는 저항과 함께 그대로 지닐 것인지, 아니면 저항에 저항하여 변화를 계속해 갈 것인지 진정으로 선택할 수 있는 것이다.

사람들이 자신의 저항을 알게 되는 것은 언제인가

저항은 마치 열기와 같다. 우리가 그것이 거기 있다는 것을 언제나 아는 것은 아니지만, 가까이 가면 모를 수가 없다. 앞서 저항은 사람들이 "아니요."라고 하는 표현의 독창적 방식이라는 것을 언급했다. 우리가 잠시 멈춰 서서 "아니, 아직은 아니야."라고 말할 때 우리는 저항을 알아차리게 된다. 우리가 저항에 가까이 가면 갈수록 저항은 더 두드러질 것이다. 그리하여 저항의 실제와 힘을 알아차릴 수 있게 될 것이다. 목적은 저항의 가치와 자리를 알아차리는 것이다.

그래서 저항은 우리가 두려워하거나 미워해야 할 적이 아니다. 어떤 면에서 저항은 우리가 잘못 이해하고 있는 우리의 친구다. 그러므로 우리는 그 가치를 인정해 주어야 한다. 잠시 그것을 생각해 보도록 하자. 이런 저항, 즉 "아니요."라고 말하는 이와 같은 독창적 방식은 어떤 경우엔 사람들이 해를 당하지 않도록 지켜 준 것이었다. 저항은 우리 삶에서 어떤 자리를 차지하고 있는 것이다. 그것을 '부숴 버려야' 하는 경우는 결코 없다.

하지만 이것은 '정신 차리고 움직이라' 는 보편적인 생각에 역행하는 것이다

감사하게도 그렇다. 누군가에게 "정신 차려라." 라고 말하는 것은 그들이 경험하고 있는 갈등을 무시하라는 것도, 그 사람을 평가절하하라는 것도 아니다. 정신 차리라고 하는 것은 그 사람이 가진 사연이나 저항의 가치를 고려하지 않는다는 것이다.

나는 사람들이 언제든지 바로 그 시점에서 절대적으로 스스로 할 수 있는 최선을 다하고 있다는 것을 믿는다. 이것은 어떤 순간이든지 우리 모두가 전적으로 스스로 할 수 있는 최선을 다해 삶에 직면하고 있으며, 또 그만큼의 저항도 하고 있음을 의미한다. 우리가 할 일은 사람들이 자신의 저항을 알아차리고 그것을 지키거나 잃어버리거나, 또는 바꿀 수 있게 돕는 것이다. 어떤 순간이든 저항과 그 저항을 뛰어넘는 것을 포함하여 우리의 능력을 통제하는 요인은 많다.

저항은 씨름하고 대항하여 싸워야 할, 또는 어떤 방식으로든 투쟁해

야 할 것이 아니다. 우리는 그것을 "아니, 지금은 아니야. 난 아직 준
비가 안 됐어."라고 말하기 위한 독창적 방식으로 받아들여야 한다.
저항을 알아차리게 됨으로써 우리는 전경을 받쳐 줄 수 있는 배경을
좀 더 개발할 수 있는 것이다.

- -

저항을 다루는 방법을 보여 줄 수 있는가

그렇다. 저항을 해체하는 방법에 대해서는 '제2부. 게슈탈트 알
아차림-접촉 주기'에서 더 자세하게 언급하도록 하겠다.

성장을 위한 아이디어

저항은 우리의 일부다. 아무리 느긋하고 '흐름에 몸을 맡긴' 것
처럼 보인다고 해도 우리 모두는 저항한다. 이때 우리가 할 일은
자신의 저항 방식을 알아차리는 것이다.

따라서 운전할 때 자신의 손을 창밖으로 내밀고 (뒤따라오는 사
람들이 좌회전하려는 것이라고 오해하지 않게 하면서) 손을 날개처럼
회전해 보자. 바람의 반대 방향으로 손을 좀 더 많이 회전할 때 저
항이 어떻게 변해 가는지 주목해 보자.

이제 당신이 잘 알고 신뢰하는 사람과 함께 다음 실험을 해 보

라. 그 사람이 신발을 묶는 것과 같은 단순한 일을 당신에게 요청하게 해 보라. 그리고 당신은 다양한 방식으로 거절 의사를 말해 보라. 어떤가? 저항이 요청에 적절한 때는 언제이며, 그 시점을 넘어설 때 자신이 경험하게 되는 것은 무엇인가?

마지막으로, 자신은 어떻게 저항하는가? 목소리나 몸짓으로 저항하는가? 아니면 자신의 전 존재로 저항 의사를 피력하는가? 성경 속 인물들은 어떻게 저항했는가? 그들은 어떤 독창적 방식으로 "아니요." 라고 말했는가?

▶ 미주

1. Polster, E., & Polster, M. (1982). *Gestalt Therapy Integrated: Contours of theory and practice*. New York, NY: Vintage Books, 51-52.

2. Polster, E., & Polster, M. (1982). *Gestalt Therapy Integrated: Contours of theory and practice*. New York, NY: Vintage Books, 68.

3. Latner, J. (1992). The Theory of Gestalt Therapy In E. C. Nevis (Ed.), *Gestalt therapy: Perspectives and application*. New York, NY: The Gestalt Institute of Cleveland Press, 28.

4. Zinker, J. (1977). *Creative process in gestalt therapy*. New York, NY: Vintage Books, 121.

5. Kepner, E. (1991). *Lecrue notes*. New York, NY: Gestalt Institute of Cleveland, February.

CHAPTER **11**

융합

Perls가 말한 바와 같이, 이 메커니즘은 환경과 자신을 과잉동일시하는 것이다. 즉, 유기체는 자신과 환경 사이의 경계를 통해 자기 자신을 알고 정체성을 확인하게 되는데, 이 둘 사이의 경계를 인식하고 식별하는 것에 실패했을 때 융합이 일어난다. 그리고 이에 따른 접촉의 문제를 해결하기 위해 접촉 경계에서 발생하는 에너지인 흥분은 흐트러지고 집중되지 못한 다. 그래서 결국 이 흐트러진 흥분은 새로운 해결책을 찾기 위해 문제를 견뎌 낼 수 있게 하는 공격적 에너지로 사용되지 못하게 된다.[1]

우리가 융합 상태에 있을 때는 환경과 분리된 존재로서의 자신을 경험 하지 못한다. 즉, 이 상태는 우리가 자기 주위에 있는 다른 사람들의 신념 과 태도, 감정에 녹아들어 버린 상태라는 것이다(Swanson, 1988). 우리는 자신의 가족이나 직업 또는 전문성과 융합된 상태에서 안전을 느낀다. 하지만 이때 우리의 개인적 경험은 무시되어 버린다. 자신과 자신이 아닌 것에 대한 분명한 알아차림을 통해 이루어지는 환경과의 접촉은 최소화 되며, 투사와 내사, 반전, 편향 등으로 인해 개인과 환경 간의 경계가 흐려지고 왜곡된다. 그리고 그것으로 인해 경계에 대한 자각 역시 심각하게 손상된다.[2]

'융합' 이란 무엇인가

만약 저항이 변화의 흐름에 대항하여 압력을 가하는 것이라면 융합은 그 반대다. 융합은 어떠한 저항도 없이 그 흐름과 함께 아주 잘 흘러가는 것이다. 저항이 없기 때문에 흐름의 변화도 없고, 자신인 것과 자신이 아닌 것 사이의 구분도 없다.

〈The Hunt for Red October(붉은 10월의 추적)〉라는 영화를 보면 미국 잠수함이 소련 잠수함의 모든 움직임을 그대로 따라하라는 명령을 받는 장면이 나온다. 이렇게 하면 소련은 미국 잠수함의 존재를 알아차리지 못하게 될 것이라는 판단에서다. 여기서 미국 잠수함은 융합과 같은 방식으로 움직인 것이다. 즉, 자신을 드러내는 움직임을 하지 않은 것인데, 이때 미국 잠수함의 방향이나 움직임은 소련 잠수함에 의해 결정된다.

사람들은 융합적이거나 융합적이지 않은 방식, 즉 양자택일의 상반된 방식으로 행동한다는 것인가

아니다. 그렇지 않다. 하나의 도로를 상상해 보자. 그 도로의 한쪽 끝에는 '고립'이라는 작은 마을이 있다. 그리고 또 다른 한쪽 끝에는 '완전히 하나로 뭉쳐 있는' 마을이 있다. '고립' 마을 어귀에는 경비 보초가 서 있어서 그 어떤 것도 출입할 수 없게 한다. 반면, '완전히 하나로 뭉쳐 있는' 마을에는 보초도 없고, 이 마을에 무엇이 출입할 수 있는지 묻는 사람조차 없다.

이 도로는 융합의 연속성을 보여 준다. 경계가 너무 경직되어 있거나 저항이 너무 심한 경우에는 융합이 있을 수 없다. 이런 경우는 경계를 알고 있으며 서로 확실한 구별이 있다.

한편, 경계에 저항이 없고 경계선이 없으면 융합 상태가 이뤄진다. 모두가 완전히 하나로 뭉쳐 있으며, 각자의 독특한 정체성은 상대방의 정체성 안에서 상실된다.

어떻게 자신의 일에서 그것을 표출하는가

목회상담자로서 우리는 돌봐 주고 지지해 주라는 훈련을 받으며, 이런 태도를 가지고 희망에 차 공부를 시작한다. 그러면서 간혹 돌보고 지지하는 것이 언제나 "네, 맞아요."라고 동의하며 전혀 마찰을 빚지 않는 것이라고 착각하기도 한다. 이것은 우리의 신조나 목표가 언제나 지지해 주는 것이고, 전혀 도전하지 않는 것이라는 의미와도 같다. 하지만 이 모든 것은 우리가 융합되게 하는 방식이다.

융합은 '나' 와 '너' 가 서로 다르다는 것을 인정하지 않는다. 그것은 둘 사이에 경계가 없는 것이다. 한마디로, 양쪽 모두가 보이지 않게 된다. 자기 자신의 존재도, 상대방의 존재도 보이지 않게 된다.

융합적 삶은 자주 소리 없는 약속으로 드러난다. 만약 다른 사람들이 우리에게서 다른 점을 전혀 경험하지 못한다면 그들은 우리가 그들에게 동의한다고 받아들일 것이다.

목회 초창기에 나는 한 연합교구를 섬긴 적이 있다. 750명 규모의 교구에서는 부목사로, 100명 규모의 교구에서는 목사로 섬겼다. 그곳에서의 첫날, 나는 내 목회 시작을 축하하는 저녁식사가 있을 것이라는 이야기를 들었다. 주최 측에서는 더 큰 교구의 신도들은 모두 초대할 것이지만, 작은 교구에서는 일부만 초대할 것이라고 알려 왔다.

나는 거의 동의한 상태로 그곳에 앉아 있었다. 축하해 준다는 일에는 나도 감사했고, 저녁식사도 좋았다. 하지만 차별적으로 초대하자는 것에는 동의할 수 없었다. 즉, 융합할 수 없었다. 이미 세

위 둔 계획을 번복하는 것이 어려운 일이긴 하겠지만, 나는 자신
만의 생각을 가지고 있다는 것을 스스로 경험해야 한다고 생각했
다. 그래서 나는 그들에게 동의하지 않았고, "모두 참여하거나 두
교구의 리더들만 참여하거나, 아니면 아무도 참여하지 않는 것이
좋겠습니다."라고 말했다. 이 상황에서 융합한다는 것은 결정된
대로 따라간다는 것을 의미했다. 어쨌든 갓 안수받은 신참이었던
내게는 의문을 던질 권리가 없었다.

　목회적 돌봄에서 융합은 별 생각 없이 쉽게 일어날 수 있다. 앞
서 언급한 것처럼 우리는 친절하라고 배웠다. 따라서 우리가 그저
단순히 동의한다면, 그리고 자연스럽게 흘러가는 것처럼 보이는
일에 맞서 저항해 보지 않는다면 우리는 융합하게 되는 것이다. 예
컨대, 우리가 부모에게 그들이 사용하는 한 가지 양육 방식 대신
또 다른 양육 방식을 개발해 보도록 환기해 주지 않는다면 우리는
융합을 하고 있는 것이다. 즉, 저항하지 않는다면 동의한다고 말하
는 것과 같다. 전원 참석을 허락하지 않는 지도력의 전통을 받아들
일 때 우리는 융합하고 있는 것이다. 이처럼 이 시대의 도덕적 쟁
점에 의문을 제기하지 않는다면 우리가 융합하는 방식은 곧 우리
뿐 아니라 교회까지도 그것을 지지한다는 것으로 인식될 것이다.

융합이 언제 일어나는지 어떻게 알 수 있는가

　나는 개인적으로 일의 흐름을 감독한다. '수정하거나 고치는 일

하나 없이 그저 흘러만 가고 있는가?' '질문은 없는가?' '사람들
이 다른 견해를 자신의 것으로 쉽게 받아들이고 있는가?' '내 자
신이 이 이상 좋은 사람일 수 없다고 느끼는가?' 이런 질문에 대
한 답이 전부 완벽한 '예'라면 그것은 융합이다. 이럴 때 문제는
일의 융합적 성격을 자신이 지지할 것인지 여부다.

나는 어떻게 해야 하는가

언제나 그렇듯이 융합을 더 잘 알아차리려고 해야 한다. 내가
사용하는 몇 가지 방법이 있다. 사람들이 회의 중에 질문도 하지
않고 무조건 동의할 때 나는 회의 속도를 늦춘다. 사람들에게 좀
더 구체적인 질문을 해서 배경이 잘 발달할 수 있도록 기회를 주
는 것이다. 이런 과정을 통해 사람들은 자신이 동의하지 않거나,
자신의 전경을 수정해야 하거나, 찬성하는 경우일지라도 자율적
선택을 할 수 있는 근거를 얻는 것이다. 이런 방식으로 전경, 즉 결
정은 좀 더 많은 선택 가운데서 이루어질 수 있다.

상담 장면에서 내담자가 "네, 맞아요."라고 전혀 반박 없이 쉽
게 동의할 때 나는 융합을 느낀다. 나는 사람들에게 다음과 같이
말한다. "우리에겐 여기 작은 규칙이 하나 있습니다. 질문을 들은
후 3초가 지나기 전에 답변을 해서는 안 된다는 것입니다. 그러니
까 답하기 전에 숨을 한번 깊게 쉬십시오." 이러한 방법은 개별 정
체성이 없는 융합 상태에서 전경이 떠오르지 않을 때 그것이 떠오

를 수 있도록 전환해 주는 배경의 제공 방법이다.

그렇다면 융합은 피해야 한다는 것인가

피한다기보다는 마음으로 그것을 주의하는 것이 필요하다. '고립' 마을의 시민이 되는 것과 '완전히 하나로 뭉친' 마을의 시민이 되는 것에는 큰 차이가 있다.

간단히 말하자면, 융합도 접촉의 또 다른 방식이다. 다만 다른 점이 있다면, 이런 접촉 방식에서는 사람들 사이의 구분이 덜하다는 것이다. 때로는 융합이 필요할 때도 있다. 예를 들면, 단순히 아이디어를 모아야 할 때 융합이 필요하다. 물론 어떤 상황에서는 이런 과정이 해가 될 수도 있다. 자, 이제 우리는 융합을 알아차리고 그 융합에 대해 어떤 선택을 할 것인지 결정해야 한다.

성장을 위한 아이디어

사람들이 모인 곳에 가게 된다면 대화의 융합적 측면과 융합적이지 않은 측면에 주의를 기울여 보자. 에너지가 어떻게 흘러가고 있는지, 화제의 초점은 무엇인지 주의를 기울여 보자. 무엇을 발견할 수 있는가?

주의를 기울여 알아차릴 수만 있다면 융합은 변화의 한 과정이 될 수 있다. 다른 사람들이 자신을 포장해 버려서 스스로가 감춰지는 방향을 선택했다는 것은 무엇을 의미하는가?

만약 상담을 경험하고 있다면 자신의 융합 유형에 주의를 기울여 보자. 무엇을 보면서 자신이 융합되어 가는지 알 수 있는가? 자신이 좀 더 융합되어 있거나 좀 덜 융합되어 있을 때 자신은 어떻게 스스로와 혹은 과정과 '접촉'하고 있는가?

마지막으로, 자신의 삶에서 융합된 부분에 주의를 기울여 보자. 스스로 선택해서 생긴 것인가? 아니면 이미 형성된 습관으로 인한 것인가?

▶ **미주**

1. Wheeler, G. (1991). *Gestalt Reconsidered: A new approach to contact and resistance.* New York, NY: The Gestalt Institute of Cleveland Press, 78.

2. Korb, M. P., Gorrell, J., & Van De Riet, V. (1989). *Gestalt Therapy: Practice and theory.* Needham Heights, MA: Allyn and Bacon, 60.

CHAPTER **12**

변화의 역설 이론

게슈탈트 접근에서의 변화는 역설적이다. 만약 어떤 사람이 달라져 보려고 끊임없이 노력하고 있다면 그 사람은 결코 끝낼 수 없는 '노력 (trying)'에 자신을 집중하고 있는 것이다. 그는 달라져 보려는 시도를 멈추고 있는 그대로 자신의 모습을 받아들임으로써 비로소 변화할 수 있다. 그렇게 하는 것이 자신의 미해결된 게슈탈트에 직면할 수 있는 길로 들어서는 것이다. 미해결된 게슈탈트를 완결할 수 있는 오직 한 가지 방법은 어떤 경우라도 '있는 그대로의 자신의 모습을 수용하는 것이다. 사람들은 진실로 자신의 모습이 될 수밖에 없는 것이다. 만약 사람들이 전적으로 현재에 머물게 된다면 달라지고 있음을 스스로는 느끼지 못할 수 있지만 실은 달라지고 있는 것이다.[1]

'변화에 대한 역설 이론'이란 무엇인가

보통 우리가 변화라고 할 때, 또는 어떤 사람이 달라지고 있다고 생각할 때 이것을 사람들이 달라져야 하는 것이라고 생각하거나 자신이 원하는 새로운 방향·믿음을 따라서 살아야 하는 것이라고 생각한다. 하지만 게슈탈트 관점에서 보면 그것은 사실이 아니다. 미국 클리블랜드 게슈탈트 연구소의 F. Harris는 다음과 같이 말했다.

> 게슈탈트 이론과 방법은 우리가 해 봤던 이전의 첫 반응과 다를 수 있는 특별한 철학적 배경을 가지고 있다. 그 철학적 배경은 우리 게슈탈트 치료자들이 하는 모든 것의 기초가 된다. Beisser(1970)는 Perls가 '변화에 대한 역설 이론'이라고 말했던 그의 작업의 핵심을 명료하게 설명하고 있다. 즉, 그는 '변화에 대한 역설 이론'이 어떤 한 사람이 진정한 자신의 모습이 될 때 일어난다고 했다. 다시 말하면, 자기 자신이 아닌 다른 것이 되려고 할 때가 아니라 '내담자가 한순간만이라도 자신이 되고 싶어 하는 것을 포기하고 진정한 자신이 되려고 할 때' 일어난다는 것이다. 변화는 자신이나 다른 사람의 강압적 시도에 의해 일어나는 것이 아니다. 그것은 진정한 자신이 되기 위해 기꺼이 자신의 시간과 노력을 투자할 때, 즉 자기가 처한 현재 상황에서 자신을 충분히 쏟아부을 때에 비로소 일어나는 것이다.[2]

여기서의 역설이란 우리가 달라지기 위해 앞으로 되어야 할 자신의 모습만이 아니라 현재 자신의 모습까지도 있는 그대로 수용하고 껴안아야 한다는 것이다. 우리는 자신이 앞으로 되고 싶어 하는 것뿐만 아니라 현재 이 순간에서의 진면목을 알기 위해서도 시간과 에너지를 쏟아부어야 한다. 이 이야기가 완전히 퇴보하자는 것처럼 들릴 수도 있다. 하지만 그것은 그렇지 않다. 쉽게 말하자면, 달라지기 위해서는 여전히 동일하다는 것이 무엇을 의미하는지 주의를 기울여야 한다는 것이다.

Harris의 말대로, 내가 진짜 싫어하는 나의 어느 한 부분을 생각해 보자. 아마도 나의 수줍어하거나 화내는 것, 또는 두려워하는 모습 등을 좋아하지 않을 것이다. 자, 이제 내가 싫어하는 그런 모습이 더 심해졌다고 상상해 보자. 즉, 좀 더 수줍어하고, 좀 더 화가 나고, 좀 더 두려움에 찬 모습을 상상해 보자.

이 모든 것이 무엇을 증명하려는 것인가

이것은 뭔가를 증명하기 위해서라기보다 변화를 이해하는 독특한 방식을 알려 주기 위한 것이다. 이 방법이 독특한 것은 종착점뿐 아니라 '시작점'까지도 중요하게 생각하기 때문이다.

변화에 대한 역설이론은 어떻게 작용하는가

나는 자신의 목소리 때문에 어려움을 겪는 한 남자와 상담한 적
이 있다. 이야기는 다음과 같다. 그의 목소리는 컸다. 언제나 매우
큰 데도 이상하게 자기 자신만큼은 스스로의 목소리가 크게 들리
지 않는다고 했다. 그에게는 그저 자신의 목소리일 뿐이었다. 하
지만 내가 듣기에도 그 목소리는 큰 편이었다.

상담 초기에 그는 자신의 목소리가 다른 사람에게 어떤 영향을
주는지 알아차리게 되었다. 그러나 그는 여전히 자신의 목소리가
크다고 느낄 수 없었다. 자신의 문제가 뭔지 다 이해하지는 못했
지만, 그는 목소리를 좀 더 낮추고 좀 더 듣기 좋게 만들고 싶어
했다.

이 상담에 그의 목소리를 좀 더 부드럽게 만드는 작업을 포함했
겠는가? 아니다. 그렇지 않았다. 나의 첫 번째 상담 목표는 그가
자신의 목소리를 좀 더 잘 알아차리도록 하는 것이었다. 그래서
자신의 목소리를 스스로 어떻게 사용할 것인지 선택할 수 있도록
말이다.

예측했을지 모르겠지만, 실험은 현재 자신의 목소리를 알아차
리도록 하는 것이었다. 나는 그가 점점 더 자신의 목소리를 알아
차리고 평가할 수 있었으면 했다. 따라서 처음에는 평상시에 말하
는 식으로 말해 보라고 했고, 그런 다음 좀 더 힘을 주어 말해 보
라고 했다. 좀 더 깊게, 더 깊게, 그리고 좀 더 크게, 더 크게 말해 보

라고 했다. 목이 상하지 않을 정도의 범위에서 그렇게 해 보도록
하고, 스타카토를 넣어 좀 더 날카롭게도 말해 보라고 했다.

그러자 그는 아무 생각 없이 자신의 목소리를 연출해 보이기 시
작했다.

그는 자신의 목소리를 다양한 음량과 어조와 음색으로 내어 보
았다. 심지어 부드러운 아기 목소리까지도 시도해 보았다. 연출을
더 많이 하면 할수록 그는 더 놀라는 것 같았다. 그리고 마침내 자
신의 목소리를 즐기는 법을 알게 되었다.

결국 그는 좀 더 부드러운 목소리를 개발해 냈다. 그가 이것을
할 수 있었던 것은 좀 더 부드러운 목소리로 변하고 싶다는 욕구에
박차를 가했기 때문이 아니다. 오히려 자신의 목소리가 '어떤 것
인지(즉, 자신의 목소리의 강점)'를 평가했기 때문에 가능했던 것이
다. 이런 방식으로, 즉 자신의 현재 목소리가 배경이 되는 기초 위
에서 부드러운 목소리가 전경으로 떠오르게 된 것이다.

이 사례에서 내담자는 변화에 대한 역설적 이론을 경험했다.
즉, 그는 변화를 위해 싸우지 않았다. 대신 그는 현재의 순간을 살
았다. 그러자 변화가 따라온 것이다.

변화는 있는 그대로의 모습을 받아들이고 강조할 때 일어날 수 있다.
현재의 모습을 보다 잘 알아차림으로써 예전과 같을 수도 있지만 변
화가 계속해서 지속될 수도 있다.

성장을 위한 아이디어

변화에 대한 역설 이론은 게슈탈트를 공부하는 데 있어서 많은 사람에게 가장 어려운 개념 중 하나다. 그러므로 생활하는 가운데 시간을 내서 뭔가 달라지는 것에 주의를 기울여야 한다. 차를 주차하는 방식이라든지 책상에 앉았을 때 처음 하는 일이라든지 무엇이든 좋다. 자신이 달라졌으면 하는 부분에 대해 생각해 보자. 달라져야 할 부분을 위한 작업을 하기 전에 달라져야 할 것이 무엇인지 알아차려 보자. 그런 후 그 변화를 시작하도록 하자. 변화가 필요했던 부분을 더 잘 자각하게 된 것이 변화 과정에서 스스로를 견딜 수 있게 해 주었는가?

잠시 멈춰 서서 자신이 뭔가 달라지기를 원했으나 무기력하게 느꼈던 때를 생각해 보자. 지금 경험하고 있는 것은 무엇인가? 자신의 경험에 주의를 기울여 보자. 그것이 자신에게 무엇을 말해 주고 있는가? 자신의 감정이 말하도록 해 줄 수 있겠는가?

▶ **미주**

1. Korb, M. P., Gorrell, J., & Van De Riet, V. (1989). *Gestalt Therapy: Practice and theory.* Needham Heights, MA: Allyn and Bacon, 70.

2. Gestalt Institute of Cleveland. postgraduate training program, year one.

CHAPTER **13**

체계의 수준

게슈탈트와 집단역동이론은 '열린 체계(system of openness)'라는 개념을 일반체계 이론에서 가져왔다. 또한 유연하고 반투과적이지만 건강하고 분명한 경계에 의해 체계의 기능이 최적화될 수 있다는 가정도 일반체계 이론과 같다. 게슈탈트 맥락에서 보면, 접촉 경계가 발달할 경우 소화(동화)할 수 있는 것은 받아들이고, 소화할 수 없는 것은 받아들이지 않는다. 한편, 집단역동의 맥락에서 보면, 보다 폭넓은 선택을 위해, 그리고 보다 합의된 승인을 위해 반투과적 경계는 좀 더 많은 양의 '데이터베이스'를 허락한다.[1]

체계 이론이 뭔지 쉽게 설명할 수 있는가

체계 이론은 관계를 맺고 있는 모든 사람이 서로 연결되어 있다고 본다. 이 연결성은 다음의 두 가지 작업 원리를 만들어 낸다.

1. 각각의 관계 집단은 예측할 수 있는 관계 패턴을 갖고 있다. 이 패턴은 관계를 맺고 있는 특정한 사람이 변화를 일으키기 전에는 영향을 받거나 바뀌지 않고 계속될 것이다.
2. 체계에는 항상성, 즉 체계 자체의 균형을 유지하려는 경향성이 있다. 그렇기 때문에 어떤 체계가 우연히 새로운 관계 방식을 만나면 자연히 이전 상태로 되돌아가 다시 균형을 잡으려고 할 것이다.

체계 이론은 '순환적 인과성'의 원리라고도 하는데, 이것은 선형적 인과성과 다르다. 선형적 인과성에서 말하는 변화는 직선적으로 일어난다. 즉, 원인이 결과를 만들어 낸다는 식이다. 그리고 체계의 요인들 간에 서로 어떤 관계가 형성되어 있지도 않다.

'순환적 인과성'과 체계 이론에 대한 또 다른 적용은 변화가 어떻게 일어나는가 하는 것이다. 둥근 원을 하나 마음속에 떠올려 보자. 이 원에는 상호 관련된 네 개의 요인이 있는데, 이것은 동서남북 네 개 지점에 위치해 있다. 이 원은 회전하고 있으며, 각 요소는 서로 영향을 주고받고 있다. 따라서 이론적으로 이 네 요소 가운데 어떤 한 요소에라도 영향을 주면 이 관계 체계는 달라질 수 있다. 그러므로 다양한 방법으로 요소들 간의 관계를 달라지게 할 수 있는 것이다.

몇 년 전 나는 지역의 한 가족치료센터에서 훈련을 받았다. 이후 한 가족이 상담을 받으러 온 적이 있는데 어머니와 아버지, 그리고 '그 아이'로 구성된 가족이었다. 아들은 직장에서 일하는 어머니에게 매일같이 전화하여 아프다면서 자신을 집에 데려가 달라고 했다.

대개 그렇듯이, 그 부모는 치료받아야 할 사람이 바로 그 아이라고 생각했다.

나는 그 가족과 함께 이야기하다가 어머니/아내가 최근 직장에 복귀했다는 것을 알게 되었다. 우리는 이 아이가 아마 (원을 안정되게 하려고) 가족 관계의 균형을 재조정하려는 것은 아니었을지 생각하게 되었다. 아니나 다를까, 가족이 각자의 생활에서 일어난 변화에 관해 말하는 중에 그 아이가 다음과 같이 큰소리로 말했다. "그것 봐요. 아빠도 원하던 대로 내가 엄마를 집에 오게 했잖아요."

이 가족에 대한 우리의 개입은 아들에게 초점이 맞춰졌다. "다음에 네가 아프거든 아버지께 전화하렴." 그때 아버지가 의자에서 뛰어 일어날 듯한 모습으로 외쳤다. "뭐라고요? 전 일하잖아요." 이러한 아버지의 말에 어머니는 다음과 같이 반응했다. "당신, 그럼 나는 뭘 하고 있다고 생각하는 거예요?"

이 사례에서 아들은 어머니를 집으로 불러들여서 가족 체계의 균형을 되돌리려고 한 것이다. 치료자로서 우리는 '아이에게 시선이 고정'되어 있는 가족의 에너지를 가족 체계로 돌려서, 맞벌이 가정으로 그들의 관계를 재정리할 수 있게 해 주었다. 즉, 우리는 아이가 전경이 되지 않고 부모 간의 관계와 그들의 기대가 전경이 될 수 있게 개입한 것이다. 우리는 이 가족이 맞벌이 가정이 될 수 있도록 이들 스스로 가족 체계를 재정립하고, 가족을 재정의할 수 있게 해 줌으로써 가족의 에너지 방향을 바꾸어 주었다.

이 회기 이후 아이는 학교에서 더 이상 아프지 않게 되었다. 상담이란 놀랍지 않은가?

게슈탈트 이론은 단지 개인과 소집단에만 적용할 수 있는가, 아니면 다양한 체계 수준에 걸쳐 활용할 수 있는가

게슈탈트는 처음부터 사람들의 삶을 전체적인 관점에서 바라본다. 이런 점이 심리학의 여러 학파와 다소 다른 독특한 점이다. 먼저 몇 가지 용어를 정리하는 것이 도움이 될 것이다. D. Simonovich에 의하면, 체계란 다음과 같다.

> 단일한 독립체를 구성하는 요소와 활동은 서로 연관되어 있고, 경계를 지닌 하나의 집합체(set)다. 이 집합체는 전체의 총체적 목표를 성취하기 위해 함께 일한다.[2]

약 17년 전, 나는 시카고를 다양한 관점에서 보여 주는 한 텔레비전 프로그램을 본 적이 있다. 그것은 체계에 대한 한 거대한 사례를 보여 준 것이었다. 이 프로그램은 시카고의 상업지구인 루프 지역의 한 집을 항공사진으로 보여 주면서 시작했다. 이후 서서히 관점이 바뀌면서 점점 더 높은 고도에서 그 집을 보여 주었고, 이 것은 체계 수준을 이해하는 특정한 관점을 보여 준 것이었다.

첫 번째 수준에서 보여 준 것은 그 집 자체였고, 그다음 수준에서는 집을 중심으로 한 도로까지 확대해서 보여 주었다. 그리고 그다음엔 그 마을 수준으로 확대해서, 그다음은 구(區) 차원, 그리고 주(州) 차원에서 보여 주었다. 이처럼 체계의 관점은 지방과 국가를 포함할 때까지 계속해서 확대되었고, 그다음 수준으로는 지구 반구와 지구 천체가 포함될 때까지 계속해서 확대되었으며, 마지막으로 우주의 은하계 관점까지 확대해서 보여 주었다.

또 다른 예는 학교의 학급 배치처럼 간단한 것이다. 즉, 체계의 첫 수준은 학교 그 자체다. 그다음은 학년일 것이며, 그다음은 학급이다. 이처럼 정의를 내리는 특징에 따라 얼마든지 더 쪼개질 수 있다.

목회사역을 하는 사람에게는 이것이
어떻게 적용되는가

자신의 일에 게슈탈트를 적용하는 것은 중요하다. 게슈탈트는 목회상담자와 내담자 사이에 존재하는 관계를 중요하게 생각한다. 나는 목회상담자와 돌봄을 받는 내담자 사이의 독특하고 강력한 관계를 목회상담 교육에서 충분히 강조하지 않는 것이 염려스럽다.

당신은 한 사람으로 구성된 체계다. 당신이 다른 사람을 위해 목회상담을 한다면 당신은 두 사람으로 구성된 체계의 한 구성원이 되는 셈이다. 만약 당신이 어떤 가족 집단과 함께 있다면 그 체계에 그들의 자녀를 추가하게 되고, 그 가족이 둘러싼 하나의 체계를 갖게 될 것이다. 또 다른 체계는 당신과 그 부모로 구성되며, 또 다른 체계는 당신과 그 자녀로, 그리고 또 다른 체계는 전체 가족 집단으로 구성된다.

게슈탈트 관점에서 우리가 속한 체계는 원자 단위로 시작하여 우주로 움직여 간다. 게슈탈트 관점에서는 모든 생명체가 서로 밀접하게 연관되어 있고, 우리 각자는 다른 사람들과 연결되어 있으며, 다른 사람들과 어떤 점에서는 서로 책임을 주고받는 관계에 있다.

게슈탈트 관점에서는 자신이 관여하고 있고 영향을 주는 체계를 지속적으로 자각하는 것이 필요하다. 이런 알아차림을 통해 우리는 향후 나타나게 될 전경을 명료하게 알아차릴 수 있을 뿐 아니라 자신이 어떤 방식과 모습으로 주의를 집중하는지도 알 수 있게 된다.

이 개념은 나의 일에 어떻게 영향을 주는가

이 개념은 내가 하고 있는 일이 무엇인지 분명하게 해 준다. 만약 당신이 어떤 사람을 돌보고 있는데 그 사람과 자신이 한 체계에 속해 있다는 생각을 받아들인다면 당신은 그 사람과 함께할 것이라고 주장할 수 있고, 한 공간 안에 있는 에너지로 참여할 것을 요청할 수 있다.

나는 상담자로서 내가 어떤 체계 수준에 속해 있는지 확실히 알지 못한다면 내 자신에게도, 그리고 내담자에게도 주의를 기울일 수 없다는 것을 알게 되었다. 상담 과정에서 다루는 모든 체계에 주의를 기울이면 정해진 작업이 진척되어 가는 것을 자주 볼 수 있다.

체계 수준을 이해하는 것은 관계의 변화로 인한 영향이 어떤 것인지 알게 되는 것일 뿐만 아니라 그 변화를 받아들이는 데도 중요한 역할을 한다. 우리가 체계적 관점을 유지한다면 질병이나 탄생, 죽음, 그리고 어떤 변화든지 그것이 미치는 영향을 체계적 차원에서 좀 더 잘 받아들일 수 있게 될 것이다.

앞으로 논의할 모든 개념뿐 아니라 현재까지 논의한 모든 개념을 모든 수준의 체계적 관점에 적용할 수 있다. 위원회 일을 할 때나 가족치료 혹은 집단 상담 등 다른 체계를 위한 작업에서도 전경이나 배경과 같은 개념에 주의를 기울일 필요가 있다. 또한 이처럼 다양한 수준에서 작업할 때는 과정과 내용에도 주목할 필요가 있다.

한 사람으로 구성된 체계(자기 이해)뿐 아니라 모든 체계 수준(개인 상담, 가족치료, 집단 상담, 위원회 모임 등)에 적용할 수 있다는 것이 또한 게슈탈트 작업의 독특성이다. 전경과 배경, 과정 대 내용, 그리고 다른 모든 개념이 한 사람으로 구성된 체계인 자신을 이해하는 데 사용될 수 있으며, 다수의 사람들로 구성된 체계와 그 사람들 간의 관계에서도 사용될 수 있다.

체계 수준이라는 이 개념은 우리 인생의 성스러운 배경을 내가 좀 더 잘 알아차릴 수 있게 해 준다. 내가 속한 각 체계 안에서 나는 또한 관계를 맺고 산다. 그 체계가 내 가족이든 일이든, 내가 살고 있는 마을이나 구, 주, 환경, 우주 혹은 그 이상이라도 내가 맺고 있는 관계는 성스러운 것이다.

성장을 위한 아이디어

체계 수준과 체계 이론은 파악하기 혼란스러운 개념일 수 있다. 체계에 대한 자신의 알아차림을 높이기 위해, 그리고 일상생활 가운데 자신이 속한 체계에 대한 알아차림을 높이기 위해 시간을 가져 보라.

자신의 가정을 생각해 보라. 어떤 한 시점에서 자신이 속한 체계가 몇 개나 되는가? 아마 다양한 역할과 정체성을 갖고 있을 것이다. 사실 어떤 체계에서는 중심에 있을지도 모르고, 또 다른 체계에서는 주변에 있을지도 모르겠다.

자신의 가정에는 어떤 관계가 있는지 잠깐 생각해 보라. 한 사람의 변화가 모든 사람에게 어떻게 영향을 미치는가? 자신의 일을 생각해 보라. 당신이 그저 몇 분 늦은 것이 체계에 어떤 영향을 미치는가? 자신의 교회를 생각해 보라. 한 가족이 교회를 떠나는 것이 전체 몸인 교회에 어떤 영향을 미치는가? 우리 모두는 수많은 독특한 체계의 일부다. 그리고 게슈탈트는 모든 수준의 체계에 적용될 수 있다. 시간을 내어 알아보도록 하라.

▷ **미주**

1. Huckabay, M. A. (1992). An Overview of the theory and Practice of Gestalt Group Process in Gestalt therapy. In E. C. Nevis (Ed.), *Perspectives and applications*. New York, NY: The Gestalt institute of Cleveland Press, 317.

2. Gestalt Institute of Cleveland. postgraduate Training program, year two.

CHAPTER **14**

실험

실험은 체험 학습의 기초가 된다. 실험은 우리가 말로 나누는 것을 실제 행동으로 옮길 수 있게 해 주고, 옛 추억을 비롯하여 이론적인 것이 우리의 상상력과 에너지, 그리고 흥분된 감정을 통해 완전히 지금 여기에 존재할 수 있게 해 준다. 예를 들면, 미해결된 과거 상황을 행동을 통해 연출해 봄으로써 풍성한 상황 맥락을 통해 그것을 좀 더 잘 이해할 수 있게 되고, 그 결과 그 미해결된 경험을 자신이 현재 삶에서 누리는 지혜와 이해력을 통해서 완결할 수 있게 된다.[1]

'게슈탈트 실험' 이라는 말을 자주 듣고 있는데,
게슈탈트 치료 접근에서 게슈탈트 실험이 지닌
의미는 무엇인가

앞서 언급한 것처럼, 게슈탈트에 대해서 무엇을 알고 있는지 사
람들에게 물어보면 대체로 게슈탈트 실험에 관해 이야기한다. '빈
의자 기법'이라든지 목소리를 과장하는 법 또는 신체 행동에 관해
이야기하는 것 등이다. 사람들은 또한 눈물이 말하게 해 보라거나
몸이 말하게 해 보라는 등의 방법까지도 알고 있을 것이다.

하지만 그들은 '왜' 실험을 해야 하는지, 즉 실제 실험을 사용
해야 하는 이론적 배경에 대해서는 잘 알지 못하는 경향이 있다.
사람들은 실험의 여러 가지 방법을 배우기 위해 워크숍에 참여하
지만, 게슈탈트 그 자체를 배우기 위해서는 결코 시간을 쓰지 않
는 것 같다. 다시 말해, 그들이 전경은 알고 있을지라도 배경에 대
해서는 아는 것이 거의 없다는 것이다.

게슈탈트 실험의 목적은 무엇인가

게슈탈트 실험의 목적은 내담자에게 현재, 지금 여기에서의 알
아차림을 높일 수 있게 해 주는 것이다. 실험의 목적은 완결되지
못한 전경과 배경 작업에서 생긴 '교착상태(aboutist deadlock, 문제

에 관하여 말만 할 뿐 [그래서 aboutist] 변화를 향해 나아가지 못하는 상태)'를 제거함으로써 내담자 내면의 긴장감을 성장을 위해 활용할 수 있게 해 주는 것이다. (게슈탈트 치료에서는 상처든 치료든 과거나 문제**에 관하여** 말만 하는 것으로는 해결되지 않고, 말과 함께 우리의 전 존재로 경험하고 치료해야 한다고 생각한다.)

E. Polster는 다음과 같이 말했다.

> 게슈탈트 치료에서 실험이란 개인의 행동 체계를 치료 현장으로 가져 와서 '……에 관하여로 인한 교착상태(aboutist deadlock)'를 없애는 것 이다. 실험을 통해 내담자는 자신의 안전을 위해 내려놓았던 감정과 행동 을 다시 연출해 봄으로써 자신이 겪은 삶의 비상사태에 직면할 수 있게 된다. 안전한 비상사태는 내담자가 하는 모험적 탐색이 지지받는 상황에 서 이루어질 수 있다. 뿐만 아니라 안전한 비상사태에서는 안전-비상 사 태라는 양극단을 모두 탐색할 수 있다. 먼저 지지해 주고 난 후 모험을 하도록 하는 방식이 중요한데, 이런 상황에서는 두 가지 모두 두드러지게 필요하다.[2]

'안전한 비상사태' 란 무엇인가

이전에 자신이 경험했던 도전을 생각해 보자. 자신의 첫 번째 설교나 결혼식, 자신이 처음 경험해 봤던 스카이다이빙 또는 첫 데이트일 수도 있을 것이다. 그때 느낀 긴장감과 불안을 다시 기억해 보도록 하자. 어떤 면에서 우리는 비상사태의 한가운데에 있었던 것이다.

게슈탈트 실험에서는 사람들이 자기 내면의 잘 알려지지 않은 미지의 영역을 탐색하기 때문에 비상사태에 놓인다. 치료자로서 우리의 역할은 그들이 지지를 받는 가운데 탐색하고, 실험에 참여함으로써 변화를 향해 갈 수 있도록 '안전한 비상사태'를 만들어 주는 것이다.

실험 작업을 비롯하여 어떤 변화 작업에서든지 치료자로서 우리의 역할은 멘토와 동반자 역할이다. 즉, 우리의 역할은 배경을 충분히 형성해서 작업이 진행될 수 있게 하고, 내담자가 체험하고 실험할 수 있는 환경을 조성해 주는 것이다.

게슈탈트 실험의 원칙은 무엇인가

게슈탈트 실험의 원칙은 다음과 같다.

1. 행동함으로써 배운다.
2. 안전망을 구축해서 위험을 감수할 수 있게 한다.
3. 욕구와 저항 사이의 긴장이 존재하는 접촉 경계에서 실험을 한다.
4. 실험은 현재에서 일어난다.
5. 실험은 주제를 바탕으로 한다.

6. 언제나 내담자 언어의 진실성을 존중하는 치료자와 함께 시
작한다.

7. 다룰 수 있고 통합할 수 있는 조각조각의 작업으로 발전시켜
나가기 위해 실험 단계는 높낮이를 조절해 갈 수 있다.[3]

이러한 원칙은 실험뿐 아니라 게슈탈트의 다른 작업에서도 통하는가

그렇다. 이 원칙은 게슈탈트 치료 전반에 걸쳐 적용된다. 실험
을 '변화'라는 말로 대치한다면 앞서 언급한 원칙을 어떤 형태의
게슈탈트 상황에서든 적용할 수 있을 것이다. 예를 들면, '변화는
접촉 경계에서 일어난다.' '변화는 현재에서 일어난다.' '변화는
항상 주제를 바탕으로 한다.' 등으로 적용할 수 있을 것이다.

게슈탈트 실험의 특별한 점은 무엇인가

실험을 디자인하는 문제는 간단하다. 다양한 유형의 실험을 배
우는 것이 어렵지는 않다. 하지만 실험을 적절하고 안전하게 사용
하는 법을 배우는 데는 시간이 걸린다. 그러기 위해서는 좀 더 배
경에 대한 이해가 필요한데, 실험을 간략하게 소개하는 이 장에서
는 다룰 수 없는 내용이다. 실험은 그것을 연출하는 치료자나 참

여하는 내담자 모두에게 강렬한 경험이 된다.

여러 가지 측면에서 실험은 권총과 같다. 권총처럼 작동이 간단하다는 것이다. 그러나 이것을 사용하는 사람이 충분히 훈련받고 경험을 쌓고, 내담자를 존중하면서 조심스럽게 다루지 못한다면 위험한 일이 발생할 수도 있다.

게슈탈트 수련 2년차 봄에, 나는 매주 한 번 네 시간씩 모이는 자기 성장 모임(personal growth group)에 참여한 적이 있다. 클리블랜드 게슈탈트 협회에서 수련받고 있던 대학원 과정을 이수한 학생들로 구성된 그룹이었다. 몇 회기가 진행되는 동안 나는 조용한 편에 속했다.

어느 날 나는 지나간 몇 주 동안 나에게 감정이 부족했다는 것을 알아차릴 수 있었다. 마치 뭔가 끔찍한 일이 내 주변에 일어날 것 같았지만 아무런 감정을 느낄 수 없었던 것이다. 그래서 나는 나의 이러한 경험을 모임 참여자들과 함께 나누었다. 모임 리더 중 한 명이 이것에 대해 좀 더 다뤄 봐도 괜찮겠냐고 물었고, 나는 동의했다.

우리 모두는 지금-여기에서 이 주제를 함께 탐색했다. 리더는 내가 말할 때 숨을 얕게 쉬고 몸을 앞으로 약간 구부린다는 것을 알아차렸다. 그는 이런 내 자세에 집중해 보라고 했고, 나는 그것을 더 잘 알아차릴수록 점점 더 숨이 막혀 오는 것을 알게 되었다.

우리는 함께 이 실험을 좀 더 발전시켜 보기로 했다. 나는 등받이가 곧은 의자에 앉았고, 나를 도울 준비가 되어 있는 리더는 내 오른쪽에서 뒤쪽으로 무릎을 꿇고 앉았다. 리더는 나에게 자기의

한 손은 내 등 뒤에, 또 다른 한 손은 내 가슴에 대고 있어도 괜찮
겠냐고 물었고, 나는 괜찮다고 했다. 그가 내 등에 손을 댈 때는 아
무렇지도 않았지만 가슴 위쪽에 손을 대자 나는 공황상태에 빠졌
다. 그리고 말 그대로 벌떡 일어나 덜덜 떨기 시작했다.

　나는 리더에게 도대체 무슨 일이 일어났는지 모르겠고 굉장히
두렵다고 말했다. 이 상태에서 안정되는 데에는 어느 정도의 시간
이 걸렸다. 안정이 된 후 리더는 내가 안전하다고 생각하는 부위
에 손을 대고 나의 가슴을 등 쪽으로 누르기 시작했다. 내가 해야
할 일은 숨 쉬는 것이었다. 숨을 쉬기 위해 열심히 노력할수록 리
더는 좀 더 세게 내 가슴을 밀었다.

　마침내 나는 흐느끼기 시작했다. 질식할 것 같던 느낌이 드러나
고 있었다. 내가 경험한 삶의 어려움과 나의 감정에 숨이 막혀서,
또 나 스스로 표현하거나 경험하지 못하도록 막아 놓았던 감정 때
문에 나는 계속 울었다. 그리고 이것과 관련된 몇 마디 말이 아프
게, 서서히 입에서 흘러나왔다. 그 말을 입 밖으로 내보내면서 나
의 아픔을 알아차릴 수 있게 되었다.

　그때 그 순간을 지금 이렇게 전달하면서 나는 울고 있다. 경험
의 힘과 그때 내가 동료들에게 느꼈던 친밀함은 여태까지 생생하
게 기억되고 있다.

　실험은 협력을 통해 이뤄진다. 실험은 치료자가 내담자에게 영향을
미치는 것이 아니다. 게슈탈트는 전체를 이해해야 한다고 언급했듯

이, 실험도 상대방과 함께, 그리고 상대방을 위해 이뤄져야 하는 것
이다.

성장을 위한 아이디어

실험할 수 있는 방법은 무한하다. 창의성이 열쇠다. 스스로 한
번 시도해 보면 좋을 만한 실험이 여기 두 가지 있다. 이 실험을 통
해 게슈탈트에 대해 좀 더 많은 것을 배우고, 순간 게슈탈트의 힘
을 느껴 보기 바란다.

스스로 우울하다고 느낄 때 그 우울하다고 느끼는 신체 일부에
말을 걸어 보자. 이 신체 일부는 우울하다는 감정에 대해 뭐라고 말
할 것 같은가? 다리를 떨고 있는 자신을 발견하게 되었을 때, 다리
를 심하게 한 번 더 떨어 보자. 그리고 자신의 경험을 쫓아가 보자.

언급한 바와 같이, 실험은 우리 작업에서 에너지에 초점을 두고
있고, 우리를 좀 더 앞으로 나아가게 한다. 실험은 잘 진행되었을
때 많은 도움이 되지만, 잘 되지 않았을 때는 끔찍한 일이 된다.

▶ 미주

1. Zinker, J. (1977). *Creative process in gestalt therapy.* New York, NY: Vintage Books, 123.

2. Polster, E., & Polster, M. (1982). *Gestalt Therapy Integrated: Contours of theory and practice.* New York, NY: Vintage Books, 234.

3. Gestalt Institutes of Cleveland. postgraduate training program, year one.

게슈탈트
알아차림–접촉 주기

Gestalt in Pastoral Care and Counseling

PART TWO

CHAPTER **15**

알아차림-접촉 주기

'알아차림 – 접촉 주기' 란 무엇인가

알아차림–접촉 주기는 전경이 형성되고 완결되는 과정이다. 즉, 유기체의 자기 조절 능력에 관한 것이다. 이것은 우리의 경험과 그 경험의 구성 요소들을 우리가 어떻게 조직해 나가는지 말해 주는 것이다.[1]

'알아차림–접촉 주기(접촉 주기라고도 함)'라는 이 개념은 클리블랜드 게슈탈트 연구소에서 개발한 것이다. 즉, Perls의 '신진대사 주기(metabolism cycle)'라는 개념을 적용하여 현재 게슈탈트 알아차림–접촉 주기로 알려진 이 개념을 만들어 냈다.[2]

이 접촉 주기를 통해 유기체 내면에서 일어나는 변화 과정을 따라가 볼 수 있는 모델을 제공할 수 있을 것이다. 곧 알게 되겠지만, 이 모델은 변화의 과정과 변화를 방해하는 것을 이해할 수 있는 어떤 일관성 있는 틀을 제공한다.

접촉 주기는 몇 개의 단계로 이뤄져 있다. 그리고 각 단계는 변화 과정에서 구체적인 역할을 하게 된다. 단계들은 다음과 같다. 감각과 알아차림, 에너지 동원 또는 흥분, 행동, 접촉, 동화와 철수다([그림 15-1] 참고). 접촉 주기에는 또한 저항도 포함된다([그림 15-2] 참고).

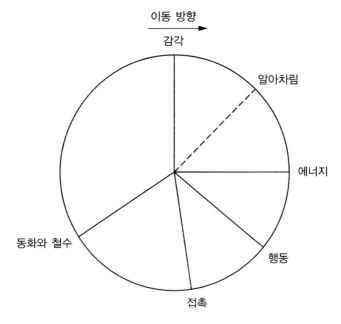

[그림 15-1] **게슈탈트 알아차림-접촉 주기**

참고: 이 그림에서 전체 접촉 주기의 각 단계가 차지하는 비율은 각 단계에서 실제로 소요되는 시간이나 에너지를 나타내는 것은 아니다. 이 비율은 개인의 경험에 따라 달라질 수 있다.

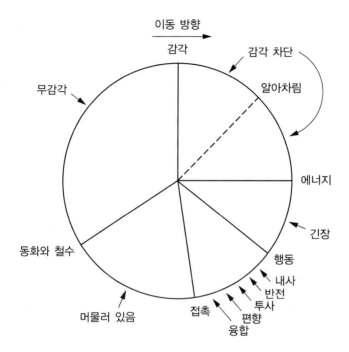

[그림 15-2] **게슈탈트 알아차림–접촉 주기에서 일어나는 저항**

참고: 이 그림에서 전체 접촉 주기의 각 단계가 차지하는 비율은 각 단계에서 실제로 소요되는 시간이나 에너지를 나타내는 것은 아니다. 이 비율은 개인의 경험에 따라 달라질 수 있다.

알아차림–접촉 주기가 어떻게 작동하는지 보여 주는 사례가 있는가

알아차림–접촉 주기는 우리가 사는 매 순간마다 일어난다. 성인이 된 우리는 접촉 주기나 각 단계별 과정을 잘 알아차리지 못한다. 우리가 알다시피 갓난아기는 새로운 경험을 할 때마다 놀라는 것처럼 보인다. 그들은 매번 하는 경험을 통해 접촉 주기를 알 아차리는 것 같다. 그들이 그럴 수 있는 것은 일어나는 일마다 자 신에게 새롭기 때문이다.

어느 날 오후 서재 창문을 통해 비추는 햇살을 받으며 책을 읽 고 있다고 생각해 보자. 하루가 저물어 가면서 눈 안쪽에 긴장감 이 돈다. 그런 **감각**을 느끼자 책을 읽기 위해서는 빛이 더 필요하 다는 것을 **알아차리게** 된다. 그래서 불을 켜기 위해 **에너지**를 동 원하여 **행동**을 취한다. 이윽고 불을 켠다(**접촉**). 문제는 해결되 고, 빛이 필요하다는 욕구는 배경으로 **물러난다**. 그리고 우리는 새로운 접촉 주기를 시작하게 된다. 물론 모든 주기가 이처럼 단 순하지는 않다. 하지만 모든 주기는 여기에서 언급한 요소들을 포함한다.

내가 알아차린다는 것은 알지만, 앞서 언급한 세부적인 것까지 느낀다고는 생각하지 않는다

사람들이 이렇게 말하는 것을 자주 듣는다. 사실 우리는 어떤 감각을 느끼고 난 후라야 알아차릴 수 있다. 그런데 왜 우리는 한 단계씩 느끼지 못하는가? 이것은 인생을 살아가면서 어떤 감각이 자신에게 주는 의미에 우리가 너무 익숙해져 버려서 감각과 알아 차림 사이에 간격이 없는 것처럼 느끼는 것일 뿐이다. 바로 이런 이유에서 갓난아기는 모든 감각을 새롭게 느낀다고 말했던 것이다. 그들도 나중에는 이러한 감각이 주는 의미를 서서히 알아차릴 수 있게 된다. 아기는 자신이 느끼는 감각의 의미, 즉 알아차림을 해결할 수 있는 행동이 무엇인지 빠르게 평가할 수 있는 능력을 갖게 된다.

이런 발달 과정에 관한 사례를 하나 들어 보겠다. 요즘 나의 새로운 관심사 가운데 하나는 승마다. 나는 요즘 말안장 위로 뛰어오르는 법을 배우고 있는 중이다. 말이 빠르게 걷고 있을 때는 엉덩이를 들썩이면서 말과 보조를 맞춘다. 말의 한쪽 앞다리가 앞을 향해 움직일 때 말의 이런 움직임에 보조를 맞춰 준비하는 것이다. 이러한 다리 위치를 대각선(diagonal, 역자주: 말의 오른쪽 앞다리와 왼쪽 뒷다리, 그리고 왼쪽 앞다리와 오른쪽 뒷다리가 속보 때 동시에 나가는 것)이라고 부른다.

내가 승마를 처음 시작했을 때는 아래를 내려다보면서 말이 어떤 다리를 움직이는지 봐야 했다. 내가 경험하고 있는 것을 알아차리기 위해서는 시각, 청각, 그리고 신체 감각까지 많은 감각을 느껴야 했다. 내가 뭘 하고 있는지 알기 위해 접촉하고 몸을 움직이는 식으로 모든 종류의 에너지를 느껴야만 했던 것이다. 또한 내가 움직이는 흐름을 경험하기보다는 하나하나 생각한 후에 움직여야 했다. 그러다가 시간이 지나면서 아래를 힐끗 내려다보고도 조절할 수 있게 되었다. 이제는 내가 어떤 대각선을 그리며 말에 올라타는지 본능적으로 알고 있다. 내가 멈추면 말의 뒤쪽 엉덩이가 내게 맞추려고 움직이는 그 감각을 느끼고 알아차릴 수 있으며, 이제는 익숙해져서 자동적으로 할 수 있게 되었다. 접촉을 빠르게 하는 법을 배운 것이다.

자, 오늘 하루 자신의 일과 가운데 잠깐 시간을 할애해서 좀 더 충만하게 경험해 보도록 하자. 자신이 너무 빨리 알아차려 버려서 인식하지 못하는 자신의 감각을 알아차려 보자.

알아차림-접촉 주기는 변화에 관한 이론적 모델을 제공한다. 접촉 주기는 변화의 과정과 그 과정에 내재하는 저항, 이 두 과정을 모두 담고 있는 이론적 틀이다.

알아차림 – 접촉 주기는 어떻게 사용할 수 있는가

각 단계의 의미와 가치를 이해함으로써 사용할 수 있다. 이해하게 되면 사람들의 변화를 지지하고 안내해 줄 수 있게 될 것이다. 자신이 작업하고 있는 단계를 이해하면, 내담자가 현재 어떤 저항을 하고 있는지도 이해할 수 있을 뿐만 아니라 문제를 해결하기 위해 내담자가 해야 할 일은 무엇이고 극복해야 할 저항은 무엇인지 보다 잘 이해할 수 있게 된다.

▶ 미주

1. Gestalt Institute of Cleveland. postgraduate training program, year one.

2. Wheeler, G. (1991). *Gestalt Reconsidered: A new approach to contact and resistance.* New York, NY: The Gestalt Institute of Cleveland Press, 88–89.

CHAPTER **16**

감각과 알아차림 단계

알아차림–접촉 주기는 감각으로 시작한다. 나는 앉아서 일하고 있는 지금, 위가 경직되는 것을 느낄 수 있다. 이것은 감각을 알아차리는 것이다. 따라서 나는 이런 감각기제에 이름을 붙이고 설명할 수 있게 된다.[1]

알아차림 – 접촉 주기 가운데 이 단계의 목표는 무엇인가

이 단계는 접촉 주기의 첫 번째 단계다. 여기서부터 변화 과정은 좀 더 명확해지기 시작한다. 이 단계의 목표는 내담자가 자신의 감각과 알아차림을 좀 더 명료하고 온전한 전경 및 배경으로 조직할 수 있게 돕는 것이다. 따라서 여기에서는 감각이라는 배경에서 알아차림이라는 전경으로 옮겨 간다. 그러기 위해서는 이해하고 동화하는 시간이 필요하다는 것을 기억해야 한다.

감각은 무엇이고 알아차림은 무엇이며, 이 둘은 어떻게 다른가

접촉 주기 가운데 '감각과 알아차림'의 단계를 이해하는 것은 매우 중요하다. 이 초기 경험에서 변화 과정이 시작하기 때문이다. 현대사회의 문화에서는 감각과 알아차림을 같은 의미로 사용하는 경향이 있지만, 이 둘은 다르다. 이 책을 읽고 있는 지금 이 순간에 이런 차이를 경험해 보자. 감각은 우리가 조직하거나 집중해서 느끼는 경험이 아니라 그냥 무작위로 느껴지는 경험이다. 이 것은 우리에게 어떤 조직화된 개념이나 의미를 주는 것이 아니다([그림 16-1] 참고).

한편, 알아차림은 우리가 정의 내릴 수 있다. 즉, 알아차림은 감각에 집중한 결과 생겨난 구체적인 의미를 말한다. 알아차림에서는 우리의 경험이 감각으로부터 자료를 가져와 결론을 내린다. 따라서 알아차림은 경험하고 있는 것이 무엇인지 인식하는 것을 말한다. 이 알아차림은 선명해지고 에너지를 갖는다. 알아차리는 것이 감정일 수도 있고 욕구 혹은 갈망일 수도 있다. 어떤 것이든 이러한 알아차림은 에너지와 뚜렷한 흥미 및 방향성을 갖는다.

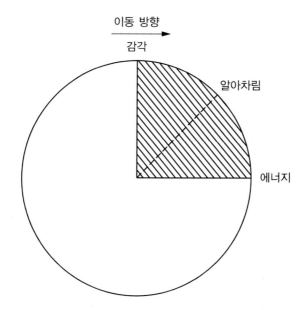

[그림 16-1] **감각과 알아차림 단계**

참고: 이 그림에서 전체 접촉 주기의 각 단계가 차지하는 비율은 각 단계에서 실제로 소요되는 시간이나 에너지를 나타내는 것은 아니다. 이 비율은 개인의 경험에 따라 달라질 수 있다.

우리가 책 읽는 법을 처음에 어떻게 배웠는지 생각해 보자. 처음에는 종이 위에서 단순히 흑과 백의 대조만을 감지했을 것이다. 그다음엔 이러한 대조적인 형태가 글자라는 것을 알게 되었을 것이다. 이것이 바로 무작위로 느끼던 감각 차원에서 한 차원 높은 알아차림 단계로 이동했다는 것을 의미한다.

나중에는 이것들이 글자라는 것을 감지하고 단어라는 것을 알아차리게 되었을 것이다. 그리고 더 나중에는 단어가 모여 문장이 된다는 것도 알아차리게 되었다. 따라서 알아차림이란 무작위의 정보를 조직하여 경험을 통해 그런 정보에 질서를 세워 주는 것이라고 할 수 있을 것이다.

감각에서 알아차림으로 전환되는 과정의 사례를 몇 개 더 들어 줄 수 있는가

숫자 2, 4, 6, 8을 보는 것이 또 한 가지 예다. 이 숫자들을 눈으로는 볼 수 있겠지만, 그 의미를 알아차리는 것은 좀 어려울 수 있다. 이것은 "둘! 넷! 여섯! 여덟! 우리는 누구를 응원하는가?" 와 같은 축구 응원 구호라고 생각할 수도 있고, 단순히 짝수를 세고 있는 것이라고 생각할 수도 있으며, 예전에 사용하던 사물함의 비밀번호였음을 기억할 수도 있을 것이다.

자신이 무엇을 알아차리고 있는지 어떻게 알 수 있는가? 이 예는 전경이 떠오를 만큼 배경이 충분하지 않다. 아마 더 많은 감각 정보와 그에 동반되는 알아차림이 있어야만 여러 가지 가능성 있는 내용 가운데 구체적인 알아차림을 식별해 낼 수 있을 것이다. 만약 자신이 그 맥락을 알았다면 알아차림을 더욱 정확하게 정의 내릴 수 있었을 것이다. 또한 처음에는 확실히 알 수 없어 혼란스러웠다는 것 역시 알아차릴 수 있었을 것이다.

서로 다르다는 것을 배울 수 있는 한 가지 방법은 바로 일상 경험을 통해서다. 한 가지 실험을 해 보자. 눈을 감아 보자. 그리고 다시 뜰 때는 감을 때 바라보았던 방향과 다른 방향을 바라보자.

무엇이 보이는가? 색깔은 어떤가? 모양은 어떤가? 그림자는 어떤가? 냄새는 어떤가? 그것을 확인했다면 감각에서 알아차림으로 옮겨진 것이다. 이제 대상이 어떤 것인지 확인해 보자. 이 과정이 감각에서 알아차림으로 전환되는 과정이다.

이번에는 다양한 방법으로 야채를 썰어 보자. 몇 개는 두껍게 썰고, 몇 개는 어슷 썰고, 몇 개는 종이처럼 얇게 썰어 보자. 그리고 지금 그것을 한 번에 한 가지씩 씹어 먹어 보면서 감각과 알아차림에 주목해 보자. 서로 다름에 주목해 보자.

이 개념이 왜 중요한가

감각과 알아차림에 대한 이해는 게슈탈트 관점에서 생각하는 변화 과정의 초석이 된다. 음식을 먹는 것과 같은 단순한 일에서 삶에 대한 관심으로 생각의 초점을 바꿔 보자. 만약 변화에 대한 자신의 필요나 욕구를 알아차리지 못하거나 분명하게 알아차리지 못한다면 변화의 방향과 초점을 찾지 못하게 될 것이다. 사람들은 죽음이 슬픈 것이라는 사실을 알아차려야만 인생에 매진하기로 결심할 수 있고, 자기 신발 속에 돌이 있다는 것을 인식해야만 그것을 제거해야겠다는 생각을 하며, 서로 사랑하는 남녀는 자신들의 관계가 괴롭다는 것을 인식해야만 문제를 해결할 필요를 느낀다. 또 사람들은 전쟁이 얼마나 비인륜적 행위인지 알아차려야 그것을 종식하려고 한다.

변화 과정은 감각에서 시작한다. 감각에 대한 알아차림을 높이기 위해 우리는 감각이라는 배경에서 알아차림이라는 전경으로 이동하며, 다음 단계를 위한 배경을 좀 더 많이 형성해 가면서 움직인다.

필요한 어떤 변화든, 그것이 간단하든 복잡하든, 또는 중요하든 중요하지 않든 우리는 먼저 '그것'이 무엇인지 알아차려야 한다. 알아차림이 더 명확해지고 분명해질수록 변화를 향해 가는 것은 더 쉬워진다.

접촉 주기의 이 단계에서 사람들은 늘 '느낀다' '알아차린다'와 같은 말로 끝맺는가

아니다. 실제로 사람들은 어느 정도 알아차림이 된 상태에서 상담을 받으러 온다. 또는 자기의 어떤 행동이나 생활의 어떤 부분이 달라질 필요가 있다는 것을 분명하게 알고 있기도 하다. 사람들이 생활의 특정한 부분을 불편하다고 느끼고 있는 상태로 도움을 받으러 오는 경우, 또는 알아차리지 못한 상태로 도움을 받으러 오는 경우 모두 우리의 목표는 동일하다. 그들이 더 잘 알아차릴 수 있도록 해 주는 것이다.

그럼 감각에서 알아차림으로, 그리고 그다음 단계로 가능한 한 빨리 움직이는 것이 목표인가

아니다. 이 단계뿐만 아니라 다른 단계에서도 시간적 관점으로만 보지 않는 것이 좋다. 대신 전경이 떠오르게 하기 위해서는 무엇이 필요한지와 관련지어 생각하는 것이 필요하다. 이 단계에서 알아차림에 집중하기 위해서는 때론 상당한 시간이 필요할 때가 있다. 사람들은 알아차림으로 인해 생기는 감정, 기억, 생각을 나눌 시간이 필요할 것이다. 어떤 사람이 "나는 아버지가 보고 싶다는 것을 알았어요."라고 말했다면, 여기서 멈추게 할 수는 없다. 그 전경을 좀 더 충분히 떠오르게 하기 위해서는 시간이 필요할 것이다. 배경이 더 확장될수록 전경은 더 잘 세워질 수 있다.

이 단계를 이해하기 위한 목회 현장 사례가 있는가

목회 현장에서 전경이 될 수 있는 목표는 사람들이 느끼는 감각이나 다양한 알아차림을 조직해서 사역에 집중할 수 있게 돕는 일이 될 것이다.

그럴 경우 교회 위원회의 회의가 다소 독특한 방식으로 진행될 수도 있다. 사람들은 종종 자신만의 어떤 알아차림을 가지고 회의에 들어온다. 여기서 할 일은 회의를 잠깐 접고, 사람들이 느끼는

감각이 무엇인지 들어보는 것이다. 회의 주제에 관해 의논하면서
"우리가 나눈 것에 대해 어떻게 느끼고 있습니까?" 하고 어떤 감
정을 느꼈는지 물어볼 수 있을 것이다. 이러한 방식을 통해 사람
들은 더 넓게 전경과 배경 간의 관계를 발전시키고, 더 선명하게
자신이 알아차린 것에 집중할 수 있게 된다.

상담 회기도 비슷한 방식으로 진행될 수 있다. 상담의 목표는
내담자의 감각에 대한 알아차림을 높여 주어서, 알아차림의 의미
가 무엇인지 알게 하는 것이다. 앞으로 나아가기 위해서는 자신이
자각한 것이 무엇에 관한 것인지 선명하게 알 수 있어야 하며, 호
기심을 가지고 대할 수 있어야 한다.

몇 년 전에 상담했던 한 용기 있는 암 환자가 기억난다. 상담 첫
회기를 시작했을 때 그녀는 자신의 감각에 관해 장황한 설명을 늘
어놓기 시작했다. 그녀는 자기 눈에서 눈물이 나고, 위장은 쥐어
짜는 것 같고, 팔은 언제나 딱딱하게 굳어 있다고 했다. 여기서 할
일은 그녀가 느끼고 있는 감각에 대한 알아차림을 높여 줘서 새롭
고 선명하게 알아차릴 수 있게 해 주는 것이었다.

한마디로 나는 그녀가 자신의 상황을 알려 주고 있다는 것을 알
수 있었다. 그래서 지극히 당연한 말로 응수했다. "궁금해지네요.
당신은 자신이 느끼는 많은 감각을 나누어 주셨는데요, 나는 당신
이 자기 자신이 된다는 것이 어떤 것인지에 관심이 가네요." 이 말
을 통해 나는 그녀에게 그녀 자신의 감각을 조직할 수 있는 특정
한 틀을 제공한 것이다. 그녀는 자기 자신이 된다는 것이 혼란스
럽다고 말했다. "나는 내가 누구인지 모르겠어요." 라고 하면서 이

혼란스러운 감정을 진정시킬 수 있으면 좋겠다고 그녀는 말했다.

그리고 그녀는 자신의 감각과 알아차림의 관계를 이해하게 됐다. "나는 슬프고 화가 난 여자 같아요. 그러나 그것이 내가 원했던 모든 것은 아닙니다. 난 내가 암 환자라는 것 외에 어떤 사람인지 알고 싶어요." 그녀는 자신의 무작위적인 감각에서 출발하여 자신의 감정을 알아차리게 되었고, 또 자신에 관해 좀 더 알고 싶어 한다는 것을 알아차리게 된 것이다.

접촉 주기의 이 단계는 전경 및 배경과 매우 유사해 보인다

이 단계는 전경 및 배경과 매우 유사하다. 이 단계에서는 실제로 선명한 감각 배경에서 알아차림이라는 전경을 떠올리게 된다. 이 단계의 목표를 이해하는 것은 중요하다. 즉, 무작위적 감각 알아차림에 집중하는 것, 감각이라는 배경에서 알아차림이라는 전경을 떠올리는 것이 목표라는 것을 이해해야 한다. 우리는 접촉 주기의 각 단계를 통해 전경 및 배경 작업이 이루어지는 것을 볼 수 있다.

성장을 위한 아이디어

현대사회 문화에서 우리는 자신을 너무 성급하게 다루는 경향
이 있다. 빨리 먹고, 빨리 운전하며, 빨리 말한다. 우리는 자신의
감각과 알아차림 간의 연결고리를 잃어버렸다.

조금 느긋해져 보자. 음식을 꼭꼭 씹어 먹어 보자. 씹으면서 음
식의 맛과 질감을 느껴 보자. 꽃을 보자. 그리고 그 향기를 맡아
보자. 꽃 색깔의 음영은 서로 같은가? 아니면 서로 다른가? 시간을
갖고 느껴 보자. 이전보다 얼마나 더 많이 깨닫게 되는지 알아차
려 보자.

▶ **미주**

1. Zinker, J. (1977). *Creative Process in Gestalt Therapy*. New York, NY:
   Vintage Books, 90.

CHAPTER **17**

감각과 알아차림 단계에서의 저항

잠시 자신이 알아차림-접촉 주기 가운데 있다고 생각해 보자. 우리는 특정한 감각을 느끼고 알아차리게 된다. 그리고 이 알아차림을 만족시켜 줄 수 있는 에너지 동원 단계로 이동하려고 한다. 그런데 이 만족을 얻고자 하는 노력을 방해하는 저항이 존재한다.

감각차단은 무엇이고 어떤 가치가 있는가

앞서 언급한 것처럼, 이 모델에서는 저항을 "아니요."라고 말하는 창의적인 방식 가운데 하나라고 본다. 저항은 사람들이 또 다른 것과의 접촉, 즉 알고 있는 것(변화되기 전 상태)과 알지 못하는 것(변화된 상황) 사이의 접촉을 통제하는 수단이 된다.

감각차단(desensitization)은 감각과 알아차림 사이에 있는 저항이다. 이것은 우리에게 주어진 어떤 순간에 우리가 알아차리는 것을 조절할 수 있게 해 준다. 또한 이것은 우리 삶에서 매우 유용하다. 감각차단은 병원에서 환자들과 일하는 모든 사람들에게 일어나는 일이다. 만약 병원에서 일하는 사람들이 자신의 모든 감각을 경험할 수 있게 허용한다면 그들은 너무 힘들 것이다. 감각차단은 우리의 일상생활에서 늘 발생한다. 하지만 우리는 자신의 신체가 경험하는 것을 모두 다 알아차리지 못한다. 만약 우리가 그렇게 된다면 감각에 압도되어 당황하고 힘들어질 것이다.

나는 상담 과정에서 자주 감각차단 현상을 본다. 상담 중에 가끔 내담자가 몹시 흥분한 것처럼 보일 때가 있는데, 나는 그 순간 내담자가 어떤 것을 느끼고, 또 어떤 것을 알아차렸는지 궁금해한다. 그럴 때마다 자주 "이게 뭔지는 잘 모르겠지만 압도당하는 느낌인 것만은 확실해요."라는 말을 듣곤 한다.

- -

감각차단은 감정적 피해로부터 자신을 보호하는 기능을 한다. 따라서 감정을 마비시키는 것이 항상 부정적인 것만은 아니다. 그것은 우리에게 없어서는 안 되는 것일 수도 있다.

- -

그렇다면 어떻게 감각차단을 되돌릴 수 있는가

먼저 이 저항은 목적이 있고, 유용하게 활용할 수 있는 상황이 있다는 것을 기억하자. 만약 어떤 사람이 자극에서 벗어나고자 한다면 그의 의견을 존중해 주고 벗어날 수 있게 도움을 주어야 한다([그림 17-1] 참고).

나는 사람들에게 내가 그들의 행동을 통해 경험한 것을 말해 준

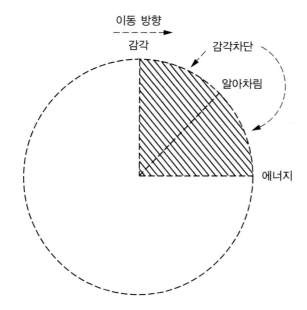

[그림 17-1] 감각과 알아차림 단계에서의 저항

참고: 이 그림에서 전체 접촉 주기의 각 단계가 차지하는 비율은 각 단계에서 실제로
　　소요되는 시간이나 에너지를 나타내는 것은 아니다. 이 비율은 개인의 경험에 따
　　라 달라질 수 있다.

다. 그것은 사람들의 신체 움직임이거나 목소리의 변화 같은 것일
수도 있다. 내가 알아차림에 관한 질문을 하면 내담자는 "**그건** 조
금 압도당하는 기분이에요."라고 대답한다. 그러면 나는 "아, 그
런데 **당신**이 압도당하는 것처럼 느꼈다는 게 어떤 것이죠?"라고
물어본다. 이러한 질문은 "**나**는 조금 압도당하는 것 같았어요."라
고 하지 않고 "**그것**은 조금 압도당하는 기분이에요."라고 한 점에
서도 분명하게 드러나고 있듯이, 내담자가 초점을 **자신**에게 맞추
도록 함으로써 불분명한 '**그것**'이라는 단어가 '**나**'라는 단어로 바
뀌는 접촉 경계에 접할 수 있게 도와준다.

종종 내담자는 자신이 순간 '그것'이 되었다는 사실에 웃기도
한다. 그러면 나는 그 과정에 초점을 맞춰 내담자에게 개인적으로
경험한 것이 무엇인지 묻는다. 그리고 나서 상담을 '안전한 비상
사태'에 다시 올려놓을 수 있게 분위기를 전환한다.

이렇게 함으로써 좀 더 작은 알아차림의 조각에 집중해 볼 것을
내담자에게 요청할 수 있다. 이런 방법을 통해 상담은 그 내담자
가 좀 더 잘 감당할 수 있는 방향으로 흘러가게 된다.

CHAPTER **18**

에너지 동원 단계

두 번째 단계는 에너지 동원 단계로, 알아차림이 확실해지면 사람들의 관심과 에너지가 모이기 시작하여 궁극적으로 바람(want)과 욕구(desire)로 조직되는 것을 말한다. 다른 전경들은 배경으로 물러나고, 지금 현재 가장 중요하게 부각되는 내용에 에너지를 동원해 집중하게 된다. 이 단계에서는 많은 다양한 배경으로부터 선명하고 구체적인 전경을 형성해 낸다.[1]

알아차림 – 접촉 주기에서
에너지 동원 단계는 무엇인가

앞서 설명한 것과 같이 에너지 동원 단계는 접촉 주기 내에서

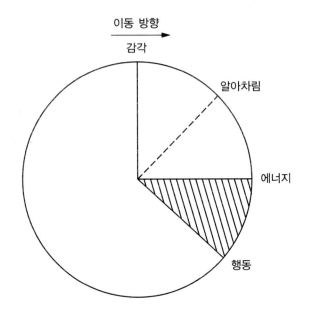

[그림 18-1] **에너지 동원 단계**

참고: 이 그림에서 전체 접촉 주기의 각 단계가 차지하는 비율은 각 단계에서 실제로
    소요되는 시간이나 에너지를 나타내는 것은 아니다. 이 비율은 개인의 경험에 따
    라 달라질 수 있다.

집중하는 단계다. 바로 이 단계에서 전경이 명확해져서 작업할 수
있게 된다([그림 18-1] 참고).

집중하는 단계가 아닌 에너지 동원 단계라고
이름 붙인 이유는 무엇인가

이 단계는 관심이 가는 것에 집중한 결과로 나타나는 것이다.

그래서 에너지가 만들어진다. 가스에 관한 물리적 법칙의 비유를 들어 설명하는 것이 좋겠다. 가스는 용기의 모양이나 크기에 따라 그 성질이 달라진다. 용기가 크면 에너지가 집중되지 않아 열이 발생하지 않는 반면, 용기가 작으면 가스에 압력이 가해져 열기 형태의 에너지가 만들어진다.

이 단계에서는 작업이 어떻게 이루어지는가

나의 오랜 코치는 학문적 접근을 하는 데 이런 말을 하곤 했다. "의심이 간다면 기본으로 돌아가라." 여기에도 적용되는 말이다. 앞서 공부한 주의집중의 내용을 떠올려 보자. 이 단계의 모든 작업은 자신이 다른 사람에게서 경험하는 에너지에 주의를 기울이는 것이다.

예를 들어 줄 수 있는가

잠시 머물러서 어떤 일에 대한 자신의 관심을 경험하고 표현하는 방식을 생각해 보자. 말투가 빨라지거나 다소 느려질 수도 있을 것이며, 움직이기 시작하거나 더 조용해질 수도 있을 것이다. 여기서 핵심은 어떤 방식으로든 자신이 변화를 드러내고 있다는 점이다. 이처럼 관심은 그에 부합하는 에너지를 만들어 낸다.

접촉 주기의 이 단계에 목회상담자는 사람들의 행동에서 변화를 찾는다. 상담자는 에너지의 초점을 찾으려 한다. 예를 들면, 한동안 나는 어떤 지역 전문가와 함께 일한 적이 있었는데, 평상시에 그는 말하는 속도가 빨랐지만 가끔씩 느려질 때는 방 주위를 응시하곤 했다. 내가 이것을 알아차리고 그에게 알려 주자, 그는 그 순간 자신의 감정에 빠져드는 것을 느꼈다고 했다. 이후 그는 물밀듯 빠르게 쏟아져 나오는 말투로 말하지 않게 되었고, 자기 자신의 경험을 더 이상 피하지 않게 되었다.

또 다른 상황에서는, 특정한 주제에 관해 이야기 나눌 때면 앉아 있는 의자를 빙글빙글 돌리곤 하던 사람과 일한 적이 있다. 그때도 나는 내가 본 것을 나누었고, 빠르게 말하는 남자를 다룬 앞의 사례처럼 피드백을 통해 이 남자에게 또한 자신과 접촉할 수 있게 하였다.

그렇다면 그들이 가진 에너지를 말해 주는 것이라기보다는 그저 변화를 알려 주는 것인가

본질적인 의미에서는 그렇지만, 이 단계에서 상담자가 할 일은 내담자가 보여 주는 관심과 에너지에 그들이 집중할 수 있도록 돕는 것이다.

혹은 어떤 패턴을 알려 줄 수도 있다. 예를 들면, "우리가 X에 대해 이야기할 때마다 당신은 Y라고 하는 것을 알았어요." "나이에 대해 이야기할 때마다 싱긋 웃으시네요." 해석하지 않고 그저 관찰한 것을 알려 주는 것이다. 이렇게 하는 것은 전경이 떠오를 수 있는 배경을 제공한다.

　이런 과정을 통해 사람들은 자신이 관찰한 것이 무엇을 의미하는지 말할 수 있게 된다.

　에너지는 우리가 알아차린 것을 행동으로 옮기게 해 준다. 이때 상담자가 할 일은 접촉 주기 또는 변화 과정의 일부로서 에너지가 발달할 수 있게 해 주는 것이다.

그때 무엇이 일어나는가

　내담자의 관심이나 에너지 수준을 따라가다가 그런 순간에 상담자와 함께 무엇을 하고 싶은지 물으면 그는 "내가 직업을 바꾸고 싶어 하는 것에 놀라움을 느꼈어요. 숨 막히는 것 같았지만 숨 쉬기 위해 무진장 노력했어요."와 같은 말을 할 수도 있다. 이런 경우 직업을 바꿀 것인지 여부를 묻는 작업을 하거나 내담자가 숨 쉴 수 있도록 어떤 실험을 해 볼 수도 있을 것이다.

　어떤 모임에서 특정 주제로 토론할 때면 에너지가 떨어지는 것을 스스로 알아차릴 수 있다. 그럴 때 이것은 탐색해 볼 만한 흥미로운 주제가 될 수 있을 것이다. 사람들은 이렇게 말할지도 모른다. "그 주제에 관해 말할 때면 무기력하게 느껴져요."

그렇다면 이 단계에서 작업하는 것이 언제나 높은 에너지를 따라간다는 의미는 아닌가

그렇다. 이 말은 에너지를 따라가는 것을 의미하며, 사람들의 관심이 증감하는 것 또는 높거나 낮은 것을 의미한다. 사실상 사람들은 자신의 에너지가 떨어지는 것을 알아차릴 때 그것이 어디로 빠져나가는지 알고 싶어 한다.

성장을 위한 아이디어

자신의 에너지에 주의를 기울여 보자. 어떤 시점에서는 자신의 에너지를 느끼지 못할 수도 있다는 것에 주의하면서 주의를 기울여 보자. 자신의 에너지가 알려 주는 것은 무엇인가? 적극적이 되거나 수동적이 되는가? 자신의 목소리나 자세가 변화하는가? 일상생활에서 자신의 에너지 변화를 어떻게 경험하는가? 자신의 에너지 수준이 가장 높은 것처럼 느껴질 때 사람들과의 '접촉을 차단' 하는가? 아니면 다른 사람들과의 관계를 이어 주는가?

▶ **미주**

1. Melnick, J., & Nevis, S. M. (1992). Diagnosis: The Struggle for a Meaningful Paradigm. In E. Nevis (Ed.), *Gestalt therapy: Perspectives and application.* New York, NY: The Gestalt Institute of Cleveland Press, 65.

CHAPTER **19**

에너지 동원 단계에서의 저항

이 단계에서의 저항은 무엇인가

이 단계에는 한 종류의 저항만 있을 뿐이다. 이 저항은 에너지 단계에서 행동 단계로 넘어가는 것을 방해한다([그림 19-1] 참고).

이런 종류의 저항은 자신의 본능에 따라 움직이지 못하기 때문에 헛바퀴를 돌리는 것과 같다. 에너지를 동원할 수는 있지만 자신이 원하는 것을 얻기 위한 활동에 그 에너지를 사용하지는 못한다.[1]

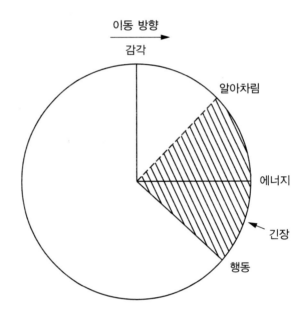

[그림 19-1] **에너지 단계에서의 저항**

참고: 이 그림에서 전체 접촉 주기의 각 단계가 차지하는 비율은 각 단계에서 실제로
　　소요되는 시간이나 에너지를 나타내는 것은 아니다. 이 비율은 개인의 경험에 따
　　라 달라질 수 있다.

행동을 통해 어떻게 이 저항을 확인할 수 있는가

　헛수고하는 광경을 상상해 보면 쉽게 확인할 수 있을 것이다.
나는 보스턴 서쪽에서 성장했는데, 그곳에서 눈 때문에 차가 꼼짝
할 수 없는 모든 상황을 경험했다. 그러한 상황은 비일비재했고,
그렇게 되면 차가 한자리에서만 맴돌게 된다.
　우리 모두는 같은 행동을 한다. 때때로 우린 자신의 에너지에

초점을 맞추지만, 그에 따라 행동하지는 않는다. 복통이나 사지가 경직된 느낌을 받을 수도 있다. 이런 경험이 바로 에너지를 행동으로 옮기지 못하게 하는 저항의 징조가 될 수 있다.

그렇다면 이런 저항을 하는 사람을 어떻게 도울 수 있는가

헛수고하게 되는 경우를 다시 상상해 보자. 눈 밖으로 벗어나는 일은 아주 간단하다. 당신이 할 수 있는 일은 가속 페달을 가볍게 밟아 차가 앞뒤로 흔들릴 수 있게 해 주는 것이다. 이처럼 적은 에너지로 웅덩이에 빠진 차가 점차 밖으로 나올 수 있게 된다.

여기서 중요한 것은 사람들이 적지만 통제할 수 있는 에너지를 방출할 수 있게 도와주는 것이다. 예를 들면, 사람들이 저항할 때는 팔이 긴장하는데, 그 긴장을 바꾸는 것만이 방법은 아니다. 그 긴장한 팔에 주의를 기울이는 것으로 시작하여 그것을 조금씩만 늦추는 것도 방법이 될 수 있다.

이 저항은 사람을 유익하게 하는 목적도 있다는 것을 기억하자. 그것이 그냥 사라져 버리지 않게 주의하자.

- -

바퀴가 헛도는 횟수를 줄이기 위해 에너지를 가능한 한 관리할 만한 수준으로 낮춰 보자. 그리고 걱정과 두려움은 떨쳐 버리자.

- -

성장을 위한 아이디어

뭔가 하려고 할 때 잠시 머물러 그 하려던 행동을 미뤄 보자. 유
리컵을 잡으려다 잡지 말고 머물러 팔을 긴장시킨 뒤, 유리컵을
잡으려는 행동에 저항해 보자. 무엇을 경험하게 되는가?

▶ 미주

1. Zinker, J. (1977). *Creative Process in Gestalt Therapy.* New York, NY:
   Vintage Books, 105.

CHAPTER **20**

행동 단계

우리는 감각을 느끼고 알아차림을 형성했으며, 그다음 이런 알아차림을 표현할 수 있는 에너지도 얻었다. 자, 이제 자신이 수업을 준비하는 데 불안을 느끼게 되었다고 하자. 어떻게 해서든지 그 불안감을 내려놓을 수 있는 방법을 찾아야 한다. 아마 자신의 불안을 내려놓기 위해 지금 소리 내어 말해 볼 필요가 있을지도 모르겠다. 확실한 것은 자신에게 도움이 되는 방식으로 불안과 접촉해야 한다는 것이다. 그러기 위해서는 먼저 행동해야 한다. 이것이 바로 지금 우리가 이 장에서 말하려는 것이다([그림 20-1] 참고).

여기서 우리는 내적·외적 환경을 변화시킬 수 있는 뭔가를 해야 한다. 배고픈 상태를 예로 들자면, 냉장고로 가서 우리에게 필요한 음식을

먹기 위해 필요한 행동을 취하는 것이다.[1]

접촉 주기에서 행동 단계란 무엇인가

행동 단계는 환경과의 접촉 혹은 변화를 이끌어 내기 위한 행동과 움직임, 활동이 일어나는 단계다. 여기서 활동은 에너지를 활용하여 행동하는 것이고, 이런 행동을 통해 감각과 알아차림 단계에서 발생하는 욕구를 표현할 수 있다.

여기서 '활동'이란 무엇을 말하는가

'행동'은 다음 단계인 환경과의 접촉 지점으로서, 사람들을 이끌기 위한 통로가 된다. 행동 단계에서 에너지가 동원되어 접촉을 향해 가면 변화가 일어나기 시작한다.

행동은 바람이나 욕구를 만족시키기 위한 직접적 움직임이다.

이 단계에서는 결국 욕구를 충족할 수 있는 특정한 일이 일어나기 시작한다. 예를 들어, 물을 마시기 위해 냉장고로 가거나 가족

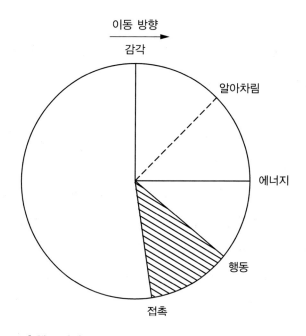

[그림 20-1] **행동 단계**

참고: 이 그림에서 전체 접촉 주기의 각 단계가 차지하는 비율은 각 단계에서 실제로
　　소요되는 시간이나 에너지를 나타내는 것은 아니다. 이 비율은 개인의 경험에 따
　　라 달라질 수 있다.

에게 말 또는 질문하기 시작하면서 에너지를 얻고, 바람이나 욕구
를 해결할 수 있는 힘을 얻게 된다.

　행동은 실질적 움직임을 말한다. 그것이 '움직이는 것이든 감
정을 표현하는 것이든, 즉 뭔가를 하는 것이다.'[2]

그렇다면 게슈탈트 실험을 할 수 있는 단계가 바로 이 단계인가

게슈탈트 실험은 주기의 어느 단계에서든 발생할 수 있다. 단지 이 행동 단계에서 좀 더 자주 발생하는 것일 뿐이다. 이 행동 단계에서는 접촉하고 싶은 욕구가 있음을 더 잘 알아차리도록 하기 위해, 그리고 더 선명한 접촉이 일어날 수 있게 하기 위해 활동이 발생한다. 따라서 시공간적으로 실험이 매우 유용할 수 있는 단계다. 그러나 이 단계에서만 실험이 일어나는 것은 아니다.

몇몇 사례를 통해 나는 신체 과정이 분노에 접촉하는 데 도움이 된다는 것을 알았다. 이런 사례는 실험의 한 예라고 볼 수 있다. 그러나 이런 실험은 단지 이와 같은 접촉을 성취하기 위한 다양하고 폭넓은 많은 실험 가운데 하나일 뿐이다. 활동 단계의 핵심은 내담자가 접촉할 수 있게 도와주기 위한 통로를 만들어 낼 수 있는 조력자(상담자)의 창의성이다. 그러기 위해서는 상담자가 내담자와 '그 순간'을 함께할 수 있는 적극적이고 수용적인 에너지가 필요하다.

행동은 에너지와 어떻게 다른가

에너지는 행동과 활동에 힘을 실어 준다. 알아차림이라는 전경

없이 에너지의 원천은 있을 수 없다. 또한 행동 없이는 에너지가 방출되었을 때 그것이 전달될 수 없다.

성장을 위한 아이디어

매일 잠시 시간을 내어 자신이 원하고 바라는 것을 충족하기 위해 어떻게 행동하는지 주의를 기울여 보자. 빠르게 행동하는가? 느리게 행동하는가? 에너지를 많이 모은 다음에 행동하는가? 아니면 준비가 되었다고 생각할 때만 행동하는가?

행동할 때는 혼자 행동하는가? 아니면 다른 사람들의 에너지를 요청하는 경향이 있는가? 이러한 것이 자신의 내향적 · 외향적 성향과는 어떻게 연결되어 있는가?

▶ **미주**

1. Korb, M. P., Gorrell, J., & Van De Riet, V. (1989). *Gestalt Therapy: Practice and theory.* Needham Heights, MA: Allyn and Bacon, 24.
2. Gestalt Institute of Cleveland. postgraduate training program, year one.

CHAPTER 21

행동 단계에서의 저항

알아차림-접촉 주기에 잠시 머물러 보자. 지금까지 우리는 감각과 알아차림 단계를 지나 에너지를 얻어 행동함으로써 자신이 원하는 것(want/need)에 접촉하여 만족을 얻는 과정이 어떤 것인지 배웠다. 알아차림-접촉 주기 중 행동 단계에서 나타나는 저항은 접촉하여 충족하려는 움직임을 방해하는 행동이다.

그 첫 번째 저항은 내사(introjection)다.

내사란 무엇인가

어떤 것을 내사한다는 것은 깊이 생각해 보지 않고, 즉 곱씹어 생각해 보지 않고 통째로 삼켜 버리는 것 또는 단순히 모방해 버리는 것을 말한다. 내사하는 대상은 아이디어나 태도 혹은 신념, 행동일 수 있다. 게슈탈트 이론의 초점은 우리가 최적의 기능을 할 수 없도록 방해하는 내사를 확인하고 검토하여 그 내사한 메시지를 알아차리고 거부할 수 있게 하는 것이다.[1]

간단히 말하자면, 내사란 우리의 어린 시절로부터 형성된 것으로, 우리가 어떻게 행동해야 하는지를 말해 주는 일종의 메시지다. 이것은 '곱씹어 생각해 보지 않고 통째로 삼켜 버린 것'으로, 선택할 수 있는 여지가 남지 않게 된다. 게슈탈트 치료에서 기억해야 할 것은 사람들이 그들 자신의 삶에서 선택할 수 있는 여지가 있음을 알아차릴 수 있게 돕는 것이다.

사람들은 자신이 내사하고 있는 특정한 개념이나 신념 또는 아이디어를 실제 자신의 것이라고 생각하여 그에 따라 행동한다. 그래서 사람들은 선택할 수 있는 여지가 있는데도 자신에게 선택할 권리가 있다는 것에 접촉하지 못한다. 즉, 무엇을 믿어야 하는지, 어떻게 행동해야 하는지, 무엇을 위해 그렇게 해야 하는지 등을 알지 못한다.

우리 모두는 어느 정도의 내사를 갖고 있다. 몇 가지 흔한 내사는 다음과 같다. "자, 남자는 울면 안 돼." "착한 여자는 조신해야 해." "자신의 본능적 욕구만을 위해 사는 사람은 연약한 사람이야." "절대 도와 달라고 하면 안 돼." 조금만 생각해 봐도 많은 내사를 생각해 낼 수 있다. 이런 내사는 특정 상황에 대한 우리의 반응을 결정하게 한다. 선택의 여지없이 단순히 행동하는 반응을 하게 한다는 것이다(예: 건강한 사람이라면 당연히 울어야 할 상황에서 눈물을 흘리지 않는 남성의 행동은 내사된 행동이다).

알아차림 – 접촉 주기에서 내사는 어떤 영향을 미치는가

내사는 우리의 필요를 충족하려는 활동을 감시하고 판단하는 센서 기능을 한다. 이 센서는 다음과 같은 메시지를 만들어 낼 수 있다. "나는 변화할 수 없어. 왜냐하면, ……" 내사가 미치는 영향을 이해하는 가장 쉬운 방법은 알아차림–접촉 주기를 천천히 거쳐 가고 있는 자신을 상상해 보는 것이다.

알아차림–접촉 주기의 감각을 가지고 알아차림 단계에서 자신의 상상 여행을 시작해 보자. 특정한 감각을 갖게 되고, 이제 그것이 자신의 전경으로 떠오르게 된다. 예를 들면, 설교를 들으면서 자신이 느낀 감정을 나누고 싶어졌는데 그 마음이 뭔지 분명하게 알지 못하겠다고 해 보자. 좋다, 잘하고 있다.

자신의 이런 욕구('지금의 감정을 나누고 싶은데 이 감정은 뭐지?')가 전경으로 떠오른 후 에너지 단계에 들어서고, 이런 자신의 필요를 충족할 수 있는 방법을 찾기 시작한다. 그리고 그것을 행동으로 옮기려고 하는 순간 갑자기 감시하고 판단하는 센서로 작동하는 내사에 부딪힌다. 이때 센서가 내는 목소리를 충분히 경험해 보자. "다 큰 남자는 자신이 느낀 감정을 다른 사람들과 나눠서는 안 되고 혼자 다뤄야 해. 만약 내 느낌을 다른 사람들이 알도록 이야기해 버린다면 사람들은 분명 내 마음에 상처를 남길 거야. 남자는 분노를 제외하고는 그 어떤 감정도 느껴서는 안 돼. 만약 다른 감정을 느끼려고 한다면 그건 잘못하고 있는 거야. 설교는 감정을 원하지 않아. 단지 사실만을 원할 뿐이야."

이런 경우, "난 내 감정을 나눌 수 없어."라는 내사를 믿기 때문에 갑자기 어떤 경고도 없이 그 내사에 따라 행동하게 된다. 그 내사된 메시지를 왜 믿게 되었는지 알지도 못하면서 말이다. 내사된 메시지는 이와 같이 알아차림-접촉 주기에서 자신의 솔직한 생각이나 감정, 그리고 자신은 스스로 경험할 권리가 있다는 것조차 의심하게 만들어 버림으로써 우리가 그에 따라 행동하지 못하게 한다. (즉, 이 사례에서는 "남자는 자신의 감정을 다른 사람과 나눠서는 안 돼."라는 내사된 메시지로 인해 자신의 솔직한 감정을 다른 사람과 나누고 싶다는 욕구에 따라 행동하지 못하게 되는 것이다.)

내사는 개인에게만 나타나는가

아니다. 내사는 체계의 모든 수준에서 나타난다. 가장 흔한 경우는 종교에서다. 잠시 멈추고 우리가 받은 몇 가지 '원칙'을 떠올려 보자. '진정으로 하나님을 믿는 사람은 항상 행복하다.' '누군가 우리처럼 믿지 않는다면 그들이 틀린 것이다.' '항상 눈을 감고 기도해야 한다.' '하나님은 남성이다.' '진정으로 하나님을 믿는다면 절대로 두렵지 않을 것이다.' 내사는 또한 기업, 가족, 단체, 성별, 인종 등에도 존재하며, 우리가 상상할 수 있는 어떤 집단에서든 존재한다.

내사는 우리 삶에 어떻게 영향을 미치는가

앞서 언급한 것처럼 내사는 우리의 선택권을 없애 버리거나 제한한다.[1] 내사는 우리가 선택할 겨를도 없이 거의 다 정해진(프로그램화된) 방식으로 반응하게 하여 우리의 권한을 축소해 버린다. 몇 가지 사례를 들어 보겠다.

내가 지역 교회 조사위원회에서 일할 때 우리 교회에 협동 목사나 여성 목회자를 청빙하는 것이 어떤지 제안한 적이 있다. 나의 이런 제안에 조사위원들은 처음에는 침묵했고, 약간 불안해하는 듯 서류를 뒤적거리기만 했다. 그러던 중 누군가 물었다. "어떻게 여자가 목회사역을 할 수 있죠?" (내사: '사역자는 언제나 남자여야 한다.')

언젠가 아버지와 오랫동안 갈등을 경험하고 있던 한 젊은 여성을 상담한 적이 있다. 우리는 그녀가 그 문제를 아버지와 나눌 수 있는 최선의 방법에 대해 이야기 나누었는데, 빈 의자 기법을 통해 그녀가 아버지에게 어떻게 이야기하면 좋을지 내가 모델링해 주게 되었다. "알잖아요, 아빠. 전 아빠에게 오랫동안 화가 나 있었어요." 그런데 이 여성은 나의 모델링에 충격을 받았다. "전 절대 그렇게 말할 수 없어요. 전 아빠를 사랑한다고요. 전 아빠에게 절대 화를 낼 수 없어요." (내사: '사랑한다면 화를 낼 수 없다. 화를 내는 것은 당신이 나를 사랑하지 않는다는 것이다.')

내사된 메시지, 즉 내사하여 우리에게 이미 익숙해져 버린 통념과 삶의 가치는 우리의 정체성과 행동 방식을 결정하는 하나의 구성 요소가 되어 버린 나머지 우리가 그것을 알아차리지 못하게 만들어 버렸다.

내사는 어떻게 해로운가

내사는 우리가 자신의 삶에서 신선함과 활력을 잃게 만든다. 그것은 우리를 진부하고 고정된 방식으로 관계 맺게 함으로써 불안감까지 야기할 수도 있다.

내사는 우리에게 세상을 바라보는 틀을 제공한다. 그런데 세상이 변하면 우리가 받아들인 그런 틀은 더 이상 적합하지 않게 되고, 그래서 우리는 불안을 느끼게 된다. 이에 따라 불안을 줄이기 위해 우리는 내사에 일치하도록 우리 자신이나 주변의 환경을 바꾸기 시작한다. 이때 우리 내면은 어떤 대가를 치러서라도 내사를 일관성 있게 유지하고자 하게 된다.

앞서 언급한 사례인 위원회의의 경우, 내사를 유지하기 위해서 여성 목사를 제쳐 두고 차점자인 남성 목사를 청빙했을 것이다. 또한 여성 내담자는 아버지 앞에서 조신해야 했기 때문에 자신의 화난 감정을 아버지에게 알리려고 하지 않았을 것이다. 이처럼 우리는 탐욕스럽게 보여서는 안 된다고 배워 왔기 때문에 차선책을 받아들이게 될 것이다.

내사를 어떻게 확인할 수 있는가

내사는 가끔 사람들의 빠른 반응으로 확인할 수 있다. 스스로에게 질문해 보자. '그 반응이 스스로 선택한 반응인가? 아니면 프로그램화된 반응인가?' 사람들의 말이 신체나 언어로 표현된 정서와 일치하지 않을 때 나는 내사를 확인하게 된다. 내사한 사람들은 화가 나거나 친절하거나, 그 외의 다른 말을 할 때 해당 감정의 단어와 일치하지 않는 신체 반응을 보이게 된다. 또한 상담을 진행하면서 작업이 어떤 방향으로 가야 하는지는 직감하지만 많은 저항에너지에 부딪히게 될 때도 내사를 확인할 수 있다.

내사가 유익할 때도 있는가

그렇다. 유익하기도 하다. 어떤 수준에서 내사는 개인의 도덕성을 유지하게 해 주는 건전한 방식으로 사용될 수도 있다. 예를 들면, '모든 남성과 여성은 동등하다.'라는 것도 내사다. '어떤 이유에서든 차별은 잘못된 것이다.'라는 것도 내사고, '법을 지켜야 한다.'라는 것도 내사다.

그렇다. 내사는 가치 있는 것이다. 우리가 할 일은 어떤 내사를 받아들이고 어떤 내사를 버릴 것인지 결정하는 것이다. 우리가 내사를 선택하고 검토해서 우리 삶의 일부로 받아들이지 않아야 할 때도 있기 때문이다.

어떻게 그렇게 할 수 있는가

목표는 내사를 무효화(undoing)하는 것이다. 내사를 무효화할 때 사람들은 어떤 신념이 자신의 것이고 어떤 것이 다른 사람의 것인지 더 잘 구분할 수 있게 된다.

이것은 그리 어렵지 않게 보일 수도 있지만 어려울 수 있는 일이다. 이런 내사는 수세대에 걸쳐 우리 곁에 머물러 온 것임을 기억하자. 또한 내사란 '지금까지 쭉 그렇게 믿으라고 하지 않았나요?'를 뜻한다는 것 역시 명심해야 한다. 그러니 어떻게 이런 내사를 무효화할 수 있겠는가?

만약 자신이 '통째로 삼켜 버렸던' 그 이미지를 무효화하고 싶다면 사람들에게 그것을 충분히 '씹은' 후 자신이 원하는 것만 받아들여 삼키고 믿게 해야 한다. 이때 치료자가 취할 수 있는 행동은 내담자가 "저는 ……을 믿어요."라는 말을 하도록 도와주는 것이다. 다시 말하면, 치료자의 역할은 내담자가 그들 자신이 갖고 있는 내사를 더 잘 알아차리게 해서 그것을 어떻게 다룰 것인지 스스로 선택할 수 있게 돕는 것이다.

가끔 나는 문자 그대로 "저는 ……을 믿어요."라는 말로 말문을 열어 보라고 내담자에게 요청하기도 한다. 이것은 많은 사람들에게 절대 쉬운 일이 아닌데, 특히 심하게 내사를 하는 사람들에게는 더욱 그렇다. 자신이 무엇을 믿고 있는지 말하려는 그 행동 자체가 자신이 내사한 메시지인 '내 생각은 별로 가치가 없다.' 혹은 '들을 만한 가치가 있는 것이 아니면 말하지 말라.' 등에 반대되기 때문이다.

나를 포함한 많은 사람들이 말할 때 경험하는 것에 주의를 기울이는 방법을 배웠는데, 그렇게 할 때 사람들은 자주 자신이 말하는 것과 느끼는 것 사이에서 불일치한 감각을 알아차린다. 사람들이 내사에 접촉하게 되는 것이다. 이런 경우에 나는 "자, 이제 당신이 믿는 것이 뭔지 말씀해 주시고, 또 당신이 경험하고 있는 것에 주의를 기울여 보세요."라고 하면서 내담자에게 떠오른 이 전경을 탐색한다.

내사는 우리 삶에서 길고도 다양한 역사를 갖고 있으며, 보통 우리가 선택이나 충분한 사고 과정을 거치지 않고 통째로 삼켜 온 것이다. 따라서 치료자로서 당신의 역할은 내담자가 선택할 수 있게 돕는 것이다. 즉, 내사된 상태로 남아 있을 것인지, 또는 내사를 거슬러 선택할 것인지 말이다. 아버지에게 분노를 느껴 온 여성의 사례에서 그녀는 아버지에 대한 부정적 감정을 받아들이는 것에 강한 저항을 보였다. 우리는 이 여성이 아버지에게 느낀 감정의 목록을 작성해 보는 방식으로 그녀의 내사에 접근하기로 했다. 감정 목록은 아버지에 관한 이야기를 나누면서, 그리고 그녀 자신의 감정에 머물러 보면서 만들어 갔다.

그녀의 이야기는 "전 아빠를 사랑하고, 아빠도 절 사랑해요."와 같은 사회적 통념처럼 편안한 이야기에서 서서히 덜 편안하고 덜 친근한 감정으로 옮겨 가게 되었다. 그녀는 점점 더 다양한 표현과 경험을 하게 되었다. 그리고 점점 더 에너지를 모을 수 있게 되면서 아버지에 대한 자신만의 감정이 어떤 것인지 정리할 수 있게 되고, 표현할 수 있게 되었다.

종교생활이나 목회상담 현장에서 우리는 얼마나 자주 내사를 찾아볼 수 있는가

종교적 전통 차원에서 보면 내사의 역할과 힘은 꼭 필요한 것임을 알 수 있다. 신앙적 표현을 유지하는 데 도움이 되기 때문이다.

반드시 보수성향이라고 할 수만은 없는 특정한 신앙 단체의 경직성은 그들의 종교생활에서 내사의 의미가 얼마나 깊은 것인지 보여 준다. 이런 현상은 어려움도 주지만 도움도 되는 것이다. 사람들이 자신만의 고유한 신앙을 표현하게 될 때 내사가 다루어질 수 있고, 또 그래야 한다. 우리는 자주 가족의 신앙을 무비판적으로 받아들인다. 나는 신앙 절차의 한 부분으로 우리 각자에게 자신만의 신앙 고백 선언을 해 보라고 한다면 무슨 일이 일어날지 궁금하다.

고등학교 1학년이었을 때, 나는 나와 다른 신앙생활을 더 배우고 싶어서 내 신앙의 고향인 그리스도 연합교회(United Church of Christ)를 떠난 적이 있다. 그리고 다른 기독교 교파를 탐색하면서 약 1년 반이라는 시간을 보냈다. 이후 내 가족과 함께 참석하던 교회로 돌아왔을 때, 나는 신앙에 대한 나만의 새로운 관점을 가지고 돌아오게 되었다. 그리고 그때서야 그 교회를 내가 한때 성장했던 교회일 뿐 아니라 나의 교회라고 받아들이게 되었다.

내사는 교회 생활의 전 영역에서 나타난다. 위원회에는 일과 회의를 진행하는 방식이 있다. "왜 우리는 목요일에 회의를 하는 거죠?"와 같은 질문은 아무도 왜 그러는지 알지 못하면서 자주 언급하는 질문이다. 예배는 한 시간이나 드리면서 설교는 15분 이상하지 않는다. 이 모든 것이 내사의 예다.

내사는 또한 목회상담자가 돌봄을 제공하는 방식에서도 나타날수 있다. 우리는 왜 항상 심방을 마칠 때 기도하는가? 왜 시작할 때 기도하지 않는가? 심방할 때는 왜 언제나 '신앙에 관한 이야기'만을 해야 한다고 생각하는가? 왜 우리는 교회의 모든 사람들과 언제나 의견이 일치해야 한다고 생각하는가? 왜 우리는 목회상담을 제공할 수 있는 유일한 사람이 우리뿐이라고 생각하는가? 이와 같은 것은 목회상담 현장에서 수없이 나타나는 내사다.

내가 가진 내사는 어떻게 알 수 있는가

스스로에게 다음과 같은 질문을 해 보자. 가족이나 교회, 사회에 대해 자신이 가지고 있는 내사는 어떤 것인가? 어디서, 누구에게서 이 내사가 생겨난 것인가?

어떤 내사는 가족 수준에서 생긴다. 종교에 관해 당신의 가족이 가진 신조는 무엇인가? 또는 당신의 가족은 어떤 사회 활동에 참여하고 있는가? 어떤 내사는 개인 수준에서 존재한다. 자신이 굳게 믿는 가장 중요한 다섯 가지 가치는 무엇인가? 앞서 우리가 다룬 '체계의 수준'에 관한 내용을 떠올려 본다면 다양한 수준에서 내사가 존재할 수 있고, 또 실제로 존재해야만 한다는 것을 이해할 수 있을 것이다. 내사는 문화적 · 정치적 · 지역적 차원에서 볼 수 있다. 체계의 각 수준을 유지하기 위해 이러한 내사가 존재한다. 체계의 각 수준을 위해서 치료자가 할 일은 개인의 경우와 동일하다. 즉, 내사를 온전히 받아들일 것인지, 아니면 전혀 받아들이지 않을 것인지 선택하도록 돕는 것이다.

성장을 위한 몇 가지 아이디어

내사는 우리 삶의 중요한 부분이다. 어떤 면에서 내사는 우리의 삶을 안전하게 해 준다. 그리고 또 다른 측면에서는 새로운 생각이나 경험을 긍정적으로 받아들이지 못하게 방해하는 역할을 하기도 한다. 영적 관점에서는 그럴 수 있다. 우리는 자주 성경적 사고와 해석, 그리고 신학적 견해에 대한 이미 프로그램화된 신념을 갖고 있다. 자신의 내사를 알아차리기 위해 잠시 멈추고, 내사가 성경에 대한 우리의 생각에 어떤 영향을 주는지 살펴보자.

마태복음의 '원수를 사랑하라.'라는 익숙한 구절을 떠올려 보자. 그리고 이 구절을 묵상하면서 무엇을 알아차리게 되는지 보자. 지금 무엇을 느끼면서 무엇을 경험하고 있는가? 그 구절이 자신의 기억에서 갖는 의미는 무엇인가?

이제 마태복음 5장 38~48절을 읽어 보자. 이 구절을 읽은 후 잠시 자신에게 집중해 보자. 무엇을 경험하는가? 지금 그 구절이 갖는 의미는 무엇인가? 한 번 더 이 구절을 읽어 보자. 무엇을 경험할 수 있는가? 이 구절이 갖는 의미는 무엇인가? 그것은 이 구절을 읽기 전의 의미와 어떤 차이가 있는가? 자신의 내사를 알아차리기 위해 시간을 가져 보기 전과는 어떻게 다른가?

알아차림 – 접촉 주기의 행동 단계에서 우리가 알아야 할 다른 저항이 있는가

그렇다. 몇 개가 더 있는데 그중 하나가 반전(retroflection)이다.

반전이란 무엇인가

반전은 문자 그대로 '등을 돌려 급격하게 돌아서는 것'을 의미한다. 누군가 반전 행동을 한다는 것은 원래 그 사람이 다른 사람이나 다른 대상을 상대로 하고자 했던 행동을 자기 자신에게 한다는 것을 의미한다. 반전 행동을 하는 사람은 행동을 중지함으로써 자신의 필요를 채우기 위해 환경을 다루거나 바꾸는 데 사용해야 할 다양한 에너지를 환경으로 나가지 못하게 한다. 대신 그런 행동을 자기 내면으로 향하게 하여 환경을 향해 해야 할 행동을 자신에게 하는 것이다.[2]

반전은 '자기 자신에게로 돌리는 것'이라고 정의할 수 있는데, 즉 다른 사람들이 자신에게 해 주었으면 하고 바라던 것이나 다른 사람에게 자기가 해 주고 싶었던 것을 자기 자신에게 스스로 하는 것이다.

좀 더 넓은 관점에서 설명하자면 다음과 같다.

반전은 자신의 욕구나 충동을 억제하고 지연하면서 자기 자신을 통제하는 것이다. 이것은 욕구나 충동의 자발적이고 자연스러운 표현과는 반대되는 것이다.[3]

반전은 또한 자신은 하고 싶은데 그것을 해도 되는지 잘 알지 못하는 데서 오는 혼란과 갈등으로 생기는 것이라고 이해할 수도 있다. 즉, 하고 싶은 것을 할 수 없게 되어 자기 자신에게로 물러나는 것이다.

반전을 좀 더 구체적으로 이해할 수 있는 한 가지 방법은 사람과 환경 사이의 갈등으로 시작한 것이 자신 내면의 갈등으로 발전한 경우를 통해서 알 수 있다. (예: 어린 시절 아버지를 무서워해서 느끼던 갈등이 성인이 된 후엔 자신 안에 무서운 아버지상으로 남아 아버지가 없는데도 아버지만 생각하면 무서워한다.)

반전은 알아차림 − 접촉 주기에 어떻게 영향을 미치는가

알아차림−접촉 주기 중 행동 단계에서 우리는 접촉하기 위해 움직인다. 즉, 에너지를 가지고 접촉과 변화의 지점을 향해 움직인다. 그런데 갑자기 에너지와 행동이 접촉 지점에서 방향을 돌려 자기 자신에게로 향한다. 에너지가 접촉과 종결, 그리고 철수라는 주기를 따라 흘러가지 못하고 대신 내면에 갇혀 버리게 되는 것이다.

반전이 주는 유익이나 가치가 있는가

그렇다. 반전이 주는 유익이 있다. 어떤 수준에서 반전은 우리가 사회적으로 책임감 있는 방식으로 행동할 수 있게 도와준다.

우리 대부분은 가끔 다음과 같은 생각이나 말을 할 때가 있다. "나를 자르다니! 저 녀석을 도로 밖으로 치워 버렸으면 좋겠어!"와 같은 것이다. 그러나 우리는 실제로 그렇게 하지 않는다. 대신 그 생각을 '반전'한다(즉, 실제로 행동하거나 표현하지 않고 올라온 에너지를 자신에게로 향한다).

또한 반전은 우리가 혼잣말을 하거나 스스로를 위로할 때 도움이 된다. 우리는 스스로 격려할 수 있으며 날카로워진 신경을 진정시킬 수 있다. 반전은 스스로를 규제하는 방식이 된다.

반전은 어떻게 해로운가

반전 그 자체로선 해롭지 않다. 약간의 반전은 오히려 도움을 줄 수 있다. 어려움은 사람들이 생각이나 선택을 하지 않고 반전할 때 생긴다. 이러한 상황에서 사람들은 다른 사람들에게 지지와 위로를 얻으려 하지 않고 스스로를 위로하거나 진정시키려고 할 수 있다. 하지만 게슈탈트 치료에서 자주 그렇듯이 알아차림 가운데 반전이 이뤄질 경우 유익하고 건강한 행동이 될 수 있다.

반전에 관한 사례를 보여 줄 수 있는가

자신이 때리고 싶은 사람이나 대상을 때리는 대신 자기 자신을 자학하는 사람을 상상해 보자. 이런 사람들은 자신을 화나게 만든 그 사람을 실제로 때릴 수 없기 때문에 자신을 때리는 것이다. 그렇게 함으로써 자신이 화났다는 것을 그 사람이 알게 할 수 있기 때문이다.

내사와 반전을 동시에 하는 사람들이 있고, 그들이 자기 가치감이 부족한 것과 관련된 내사를 갖고 있다고 상상해 보자. 그들은 자신을 위로해 줄 수 있는 관계를 만드는 대신 자신의 팔을 토닥이면서 스스로 진정하려 하거나 곰 인형을 껴안고 스스로를 위로한다.

행동 단계에서 반전을 어떻게 발견할 수 있는가

반전은 흔히 신체를 움직이는 과정에서 찾아볼 수 있다. 어떤 사람은 다리를 꼬고 앉아 있다가 자신이 실제로 때리고 싶었던 사람에 대해 이야기할 때 다리를 차기 시작할 수 있다. 또한 화난 것에 대해 이야기할 때 목소리를 높이는 대신 부드럽게 말할 수도 있다.

또 다른 사람들은 거리낌 없이 말하는 대신 이를 갈 수도 있으며, 실제 때리고 싶었던 대상이나 사람 대신 의자를 칠 수도 있다.

어떤 사람들은 입이나 다리 혹은 특히 팔을 통해서 자신의 근육이 심하게 긴장되어 있는 것을 보여 줄 수도 있다. 이런 서로 다른 유형의 반전은 대개 신체 과정을 통해 분명하게 드러나는

데, 이것은 환경과 만족스러운 접촉이 잘 이루어지지 않고 있음을 보여 준다.

또 다른 관점에서 사람들은 다른 사람에게 지지받거나 위로받고 싶을 때 의자에 몸을 웅크리고 앉을 수 있다. 또 어떤 사람들은 스스로를 위로하기 위해 콧노래를 흥얼거리거나 위로가 되는 노래를 부르기도 한다. 이런 방식에 익숙해지면 반전은 도움이 되는 대안적 방법으로 대체될 수 있다.

반전은 우리가 힘든 시간을 지날 때 스스로를 인도하는 자기 대화로 나타날 수도 있으며, 사람들이 대인관계를 통해 얻어야 할 것을 자신에게 스스로 해 줄 때 생길 수도 있다. 이것은 독립적인 사람이 될 수 있는 하나의 방법으로, 실제로 건강한 것일 수 있다. 그러나 주변의 다른 사람들이 자신을 돕거나 자신의 삶의 일부가 되도록 허락하지 않을 정도로 반전을 한다면 이런 반전은 건강하지 않은 것이다.

사람들은 자신이 선호하는 방식대로 반전하는가

그렇다. 맞다. 우리는 자신이 좋아하거나 가장 편한 방식으로 반전한다. 목회상담자로서 우리는 사람들을 자주 그리고 다양한 환경에서 보게 된다. 그래서 우리는 그들이 반전하는 방식을 알아차릴 수 있다. 또한 반전이 사람들에게 어떤 영향을 미치는지도 알 수 있게 된다.

반전을 어떻게 무효화할 수 있는가

반전은 '변화에 관한 역설적 이론'을 실천함으로써, 즉 반전을 더 많이 하게 하거나 강조함으로써 취소할 수 있다. 반전 행동을 더 많이 함으로써 반전을 덜하게 된다는 것이다. 예를 들면, 베개나 의자의 팔걸이를 쳐 보고, 자신의 근육을 꽉 조여 보면서 내담자는 자신의 실제 감정을 알아차릴 수 있다. 또한 나는 내담자에게 그들 자신의 몸을 의자에 좀 더 꽉 밀착시켜 웅크려 보거나 의자 깊숙이 푹 가라앉아 보라고 하기도 한다. 이런 방법은 모두 내담자가 현재 자신의 삶을 과장해 보면서 변화를 경험할 수 있게 돕기 위한 것이다.

간단히 말하면, 반전을 돌이킬 때 우리는 피하던 것에 접근할 수 있게 된다.[4]

사람들은 가끔 반전을 무효화한 것을 후회하기도 하는가

그렇다. 어떤 사람들은 반전을 돌이킨 것을 정말 후회한다. 사람들이 반전하는 것은 어떤 면에서 그것이 만족스럽기 때문이다. 비록 자신을 향해서긴 하지만 그것을 통해 사람들은 실제로 분노를 표출할 수 있기도 하다.

따라서 사람들은 자신의 진실된 감정을 확인할 기회뿐 아니라 만족감까지 상실하게 되기 때문에 후회하는 것일 수 있다. 반전과 같이 잘 발달되고 통합된 적응기제를 상실함으로써 어떤 사람들은 내적 혼란과 불안감을 갖게 될 수도 있다. 다시 말하면, 이런 사람들은 새로운 적응기제를 발달시키는 과정에서 지지가 필요하다.

반전이란 비난이나 포옹, 위로의 말이나 도전처럼 우리가 다른 사람들에게 하고 싶어 하는 것 또는 우리가 다른 사람들에게 받고 싶어 하는 것을 자기 자신에게 하는 것이다.

반전 관련 사례와 반전을 무효화한 사례를 알려 줄 수 있는가

몇 년 전, 나는 반전을 예술로 발전시킨 한 젊은 남성과 작업한 적이 있다. 그 내담자의 몸은 긴장되어 있었다. 다리는 떨고 있었으며, 목은 뻣뻣했고, 좀처럼 고개를 돌리지도 않았다. 무엇보다 가장 관심이 가는 부분은 이 내담자의 팔이었다. 상담 내내 그는 자신의 손을 치곤 했고, 심지어 의자 팔걸이에 올려놓은 자신의 팔뚝을 치기도 했다.

　시간이 지나면서 나는 상담의 쟁점에 따라 내담자가 자신의 팔을 내려치는 강도나 속도가 달라진다는 것을 알게 되었다. 하루는 내담자가 침착한 목소리로 자신의 아버지와의 오랜 갈등에 대해 이야기하고 있었는데, 그때 그는 의자를 점점 더 세게 치기 시작했다. 하지만 그런 자신의 행동을 전혀 알아차리지 못하고 있는 것 같았다. 바로 그때가 반전을 취소하도록 조치를 취해야 할 때였다. 먼저 나는 그가 자신의 목소리와 팔의 상태를 좀 더 알아차릴 수 있게 해 주고 싶었다.

　나는 그에게 실험을 하나 해 보자고 제안했다. 그가 말을 할 때 자신의 팔에 주의를 기울여 보도록 했고, 또한 무엇이든지 자연스럽게 행동하면서 그것을 좀 더 과장해서 해 보라고 했다. 의자의 팔걸이에는 안전을 위해 베개를 놓아 주었다.

　내담자는 이야기하면서 전처럼 의자를 내려치기 시작했는데, 서서히 자기 행동에 관심을 기울였고, 점점 더 빠르고 강하게 팔로 치는 행동을 하였다. 이와 동시에 내담자의 목소리는 점점 더 힘이 생겼다. 갑자기 그의 목소리가 평상시보다 더 커졌고, 그는 의자를 더 세게 치기 시작했다.

　내담자가 하는 이야기는 전에 하던 것과 같았다. 다른 점은 내담자가 반전을 하고 있지 않다는 것이었다. 이제 에너지는 안으로 향하는 대신 외부로 향하여 자신과 자신의 내면으로 향했던 압박감을 외부로 표출할 수 있게 되었다. 내담자는 소리치면서 두들겨 댔다. 내려치는 행동으로 표출된, 억압해 왔던 아픔과 분노를 풀어내면서 그의 이야기는 더 분명해졌다.

또 다른 사례에서는 내담자의 반전을 개발해 주어야 하는 경우
도 있었다. 내담자는 남자친구를 '꼼짝 못하게 하려는' 여성이었
다. 그녀는 화가 나 있었고, 일하고 있는 남자친구에게 창피를 주
고 싶다고 했다. 그러기 위해 안성맞춤인 계획까지 궁리해 놓고
있었다.

　여기서 내가 해야 할 일은 그녀의 의도를 건드리지 않고 처음
계획을 반전시켜서 그녀가 선택할 수 있는 좀 더 다양한 행동을
개발할 수 있게 해 주는 것이었다.

나의 목회사역에서는 어떻게 드러나는가

　물론 반전은 상담 회기에서 자주 볼 수 있다. 사람들은 자주 자
신이 느끼고 있는 감정이 어떤 것인지 드러내는 것을 두려워하면
서 살아간다. 또한 반전은 스스로를 지나치게 돌봄으로써 결국 다
른 사람들의 도움을 받지 못하는 사람들에게서도 볼 수 있다.

　반전은 회의 장면, 특히 사람들이 '술렁거리게' 될까 봐 두려워
자신의 생각을 나누지 못할 때도 볼 수 있다. 또한 자신이 하고 싶
은 말을 입안에 꾹 누르고 있어서 말을 하도록 하기 위해 주변에
서 독려해야 하는 경우에도 볼 수 있다.

　가족 상담을 통해서도 자주 반전을 보게 된다. 아이들은 자주
자신의 감정이나 생각을 말하는 것을 두려워한다. 즉, 아이들이
자신의 가족 안에서 형성된 내사 메시지를 받아들인 결과, 자신의

감정 표현을 반전하는 것이다. 이런 현상은 사람들이 습관적으로 목기침을 할 때나 말을 하려고 하다가 결국 입안으로 중얼거리고 말 때 볼 수 있다.

나는 내담자가 자신의 신체를 자각할 뿐 아니라 정서와 신체 반응에도 주의를 기울이도록 도와줘서 자신을 표현할 수 있도록, 저항하고 싶은 욕구까지도 표현할 수 있도록 지지해 준다. 나는 그들이 통제감을 잃지 않으면서도 자신만의 접촉 양식을 개발할 수 있게 돕는다.

성장을 위한 아이디어

반전은 우리 모두에게 중요하다. 게슈탈트 치료의 모든 개념이 그렇듯이, 우리가 반전을 알아차리는 일은 중요하다.

일상생활에서 자신이 어떻게 하는지 주의를 기울여 보자. 이해받지 못한다고 느낄 때 당신은 어떻게 행동하는가? 자신의 감정을 다른 사람에게 말하는가? 아니면 이를 가는가? 또는 자신을 스스로 위로하고 싶어서 팔을 안고 쓰다듬는가? 불안할 때는 어떻게 행동하는가? 다른 사람에게 이야기하고 싶은데 그러지 못하고 혼자 이야기하는가? 자신의 팔을 토닥이는가? 아니면 의자에 웅크리고 앉아 있는가? 다른 사람들이 자신을 안고 위로해 주도록 하는 대신 자신을 스스로 따뜻하게 안아 주는가? 화가 났을 때는 말로 하는 대신 이를 가는가? 상사를 때리는 대신 의자를 치는가?

자신이 반전하는 모든 방식에 주의를 기울여 보자. 그다음 스스로에게 이런 질문을 해 보자. '다른 사람들로부터 이것을 얻을 수 있었는가?' '내가 속에 묻어 두고 있는 것은 무엇인가?' '다른 사람들에게 조언하는 대신 내가 그들의 조언을 구할 수 있는가?' '의자에 웅크리고 앉는 대신 다른 사람의 포옹을 받을 수 있는가?' '스스로 위안을 얻는 대신 다른 사람에게 위로를 받을 수 있는가?'

또 다른 저항은 투사다.

투사는 무엇인가

투사란 사람들이 자신의 성격에 있는 특정한 특성이나 태도, 감정, 그리고 작은 행동을 자신의 것으로 경험하지 못하는 현상을 말한다. 즉, 사람들은 그런 자신의 성격을 자신의 것이라고 체험하는 대신 자신이 속한 환경의 다른 대상이나 다른 사람의 것이라고 여김으로써 자신의 탓이 아닌 다른 사람의 탓이라고 여기게 된다. 예를 들면, 자신이 다른 사람들을 거절하고 있는 것을 알아차리지 못하고 오히려 다른 사람들이 자신을 거절하고 있다고 믿는다. 또는 다른 사람에게 성적으로 접근하고 있는 자기 자신의 성향을 알아차리지 못하고 오히려 그 사람들이 자신에게 성적으로 접근해 오고 있다고 느낀다. 이러한 기제는 내사와 반전의 경우처럼 양과 질에서 자신이 대처할 수 없을 정도로 커져 가는 흥분을 차단하는 기능을 한다.[5]

그러므로 투사란 우리 안에 있는 것을 우리 '밖'에 있다고 여기는 것이다. 투사할 때 우리는 세상을 우리 이미지 안에서 인식하는데, 그렇게 하고 있다는 것을 알아차리지도 못하는 가운데 그렇게 하고 있는 것이다. 쉽게 말해서, '나'가 '너'가 되어 버리는 것이다.

투사는 내사나 반전과 어떻게 다른가

내사와 반전에서는 사람들이 자신의 환경과의 접촉을 잃어버린다. 이 사람들은 어떤 면에선 환경에 대한 자신의 경험으로부터 차단된 것이다.

투사의 경우에는 사람들이 자신과 자신의 환경을 매우 잘 알아차리고 있다. 문제는 자신의 내부와 자신의 환경에 놓여 있는 모든 것을 그들이 확인할 수 없다는 것이다.

또한 투사는 수동적이라는 데서 차이가 있다. 사람들은 안전을 위해 반전을 선택할 수 있다. 예를 들어, 어린 시절의 규칙을 지키기로 스스로 선택할 수 있다. 그런데 투사의 경우에는 그런 선택을 할 수 없다. 따라서 투사에서는 어떤 좋은 것도 나올 수가 없다.

투사하는 사람들은 자신이 다른 사람의 행동에 의해 수동적으로 영향을 받는다고 생각한다. 실은 자신이 아주 적극적인 참여자인데 말이다. 이런 사람은 다른 사람들의 것이라고 말하는, 또 믿고 있는 바로 그런 가치관이나 특성을 소유하고 있는 사람이다.

투사를 어떻게 확인할 수 있는가

사람들이 투사할 때는 자신이 실제로 확실히 믿고 있는 것을 다른 사람들에게 전가한다. 이런 사람은 다른 사람들의 태도나 생각에 관해 말하면서 쉽게 '너는'이라는 단어를 사용한다. 그런데 이런 경우 그들은 사실 자신에 대해 말하고 있는 것이다.

우리는 언제나 다음과 같은 이야기를 들을 수 있다. "너는 날 좋아하지 않아." "너는 못됐어." "너는 우리를 조금도 배려하지 않았어." 게슈탈트 관점에서 보면 이런 사람은 자신이 다른 사람들에 대해 믿고 있는 것을 말하고 있는 것이 아니라 오히려 바로 자신 안에 있는 것을 나누고 있는 것이다.

투사란 자신의 생각이나 가치관을 다른 사람의 것이라고 믿는 것이다. 즉, 자신의 '나'가 '너'가 되어 버리는 것이다.

투사를 어떻게 무효화하는가

먼저, 나는 사람들이 '너는'이라고 하는 말에 주목한다. 그런 후 나는 그들에게, "너는"이라는 말을 "나는"이나 "나를"이라는

말로 바꾸어 말해 보라고 한다. 그럼 "나는 나를 좋아하지 않아
('너는 날 좋아하지 않아.' 대신). …… 나는 못됐어('너는 못됐어.' 대
신). …… 나는 우리를 조금도 배려하지 않아('너는 우리를 조금도
배려하지 않아.' 대신)." 라는 반응들이 된다.

목표는 사람들이 자신의 이슈를 자신의 것으로 받아들이도록
돕는 것이다. 이것이 사람들에게 얼마나 고통스러운 경험이 될지
상상할 수 있을 것이다. 가끔 이런 경험은 그들이 인생에서 겪는
어려움을 자신의 것으로 받아들이고, 다른 사람 탓이라고 하던 문
제에 자신도 관련되어 있다는 것을 깨닫는 순간이 된다.

이런 이유 때문에, 투사라는 것을 알아차리기는 쉽지만 사람들
이 그걸 포기하기는 쉽지 않다는 것을 기억하는 것이 중요하다.
사람들이 이런 저항을 다룸으로써 자기를 새롭게 이해하기 위해
서는 지지가 필요하다.

성장을 위한 아이디어

언제 당신은 투사를 하는가? 어떤 때 자신의 분노 감정을 자신
의 것으로 받아들이는 대신 다른 사람에게 투사하는가? 언제 자신
의 지성을 다른 사람에게 투사하는가? 언제 자신의 열등감을 다른
사람에게 투사하는가?

자신이 "너는"으로 시작하는 말에 주의를 기울여 보자. 그리고
자신에게 다음과 같이 질문해 보자. "이게 혹시 그들에 대한 이야

기가 아니고 바로 나에 대한 이야기는 아닐까?"

또 다른 저항이 있는가

그렇다. 그 가운데 하나가 편향이다.

편향은 무엇이며, 그것이 어떻게 알아차림–접촉 주기에 영향을 주는가

편향은 다른 사람과의 직접 접촉을 회피하는 전략이다. 실제적 접촉에서 일어날 수 있는 열기를 가라앉히는 방법인 것이다. 에둘러 말하거나, 과장하여 말하거나, 웃어넘기며 말하거나, 상대방을 쳐다보지 않고 말하거나, 구체적으로 이야기하지 않고 추상적으로 말하거나 혹은 어떤 일에 대해 직접 이야기하지 않고 간접적으로 말함으로써 이야기의 핵심을 말하지 않는 방식을 사용하는 것이다.[6]

편향은 선명한 접촉을 하지 않으려는 것이다. 즉, 접촉을 회피한다. 우리는 편향을 매일 경험하고, 실제로 그렇게 하며 살고 있다. 다른 사람들과 눈맞춤을 피할 때, 대화 중 화제를 바꿀 때, 농담할 때 우리는 편향하고 있는 것이다. 우리 모두는 다양한 방식으로 편향한다. 어떤 주제에 관해 분명하게 말하지 않고 추상적으로 말할 수도 있다. 편향할 때 우리는 토론의 쟁점을 비껴가기도 한다. 영화 〈스타트랙(Star Trek)〉의 용어로 말하자면 '편향 방패 (deflector shield)'를 만드는 것이다. 편향으로 인해 우리는 연약하고 활기 없는 생활을 할 수 있다. 제대로 된 접촉을 하지 못하거나 목표에서 많이 벗어날 수도 있다. 사람들은 회피함으로써 만족하지 못하게 된다. 이처럼 접촉이 끊어지면 접촉을 통한 '나와 너'의 관계는 사라지고 '나와 그것'의 관계만 남게 된다.

편향이 일어나는 것을 어떻게 알 수 있는가

우리는 사람들이 눈맞춤을 피할 때, 농담할 때 또는 침묵할 때 편향을 관찰할 수 있다. 사람들은 다양한 방식으로 편향을 한다. 내 경우는 이유는 모르지만 왠지 만족하지 않을 때 내가 편향하고 있다는 것을 알 수 있는데, 다른 사람들도 그렇다는 이야기를 듣곤 한다. 어떤 '까닭을 알 수 없는 이유'로 내 자신이 초점을 벗어나 있는 것이다.

편향이 자주 일어나면 사람들은 혼란스럽고 초점이 흐려진 것처럼 보인다. 결국 어떤 접촉도 어렵게 된다. 나는 사람들이 스스로 만족스럽지 않은 이유를 알지 못하면 못할수록 점점 더 편향하게 된다는 것을 알게 되었다. 편향 스스로가 편향을 지속하게 하는 것이다.

- -

편향이란 말이나 행동 또는 어떤 다른 방식으로든 그것에 의해 자기
자신에게 주의를 기울이고 있을 때 이를 회피하는 것이다.

- -

편향을 하는 것도 어떤 목적이 있어서인가

편향은 일종의 유기체의 자기 조절 방식 혹은 강렬한 접촉의 수
위를 조절하는 방식이다. 사람들은 자신이 다루기 힘든 쟁점에 대
해 자기 조절을 할 수 있고, 그래서 자신이 할 수 있는 한에서 접촉
할 수 있다.

저항에 대한 게슈탈트 관점을 상기해 보자. 저항에는 실제적 목
적이 있다. 저항은 "아니요. 지금은 아니에요."라고 말하는 창의
적 방식이다. 만약 만성적으로 편향하면서도 그것을 알아차리지
못하고 있다면 사람들은 접촉을 느끼지 못하고, 다른 사람을 배려
하지도 못하며, 또 오해를 받게 될 것이다. 목표는 사람들이 그들
자신을 알아차리도록 돕는 것이다.

성장을 위한 아이디어

자신이 일상생활에서 어떤 식으로 편향하는지 주목해 보자. 눈

맞춤하지 않는 방식으로 편향하는가? 유머로 편향하는가? 자신의 잘 발달된 편향 방식을 확인하기 위해 시간을 가져 보자. 그런 다음 자신에게 물어보자. "내가 무엇으로부터 회피하고 있는 건가? 만약 내가 웃어넘기거나 농담해 버리거나, 시선을 회피하거나 하지 않는다면 어떤 일이 생길 것인가?"

이 행동 단계에서 또 다른 저항이 있는가

또 하나가 있는데 이미 언급한 것으로, 바로 융합이다.

융합은 우리가 다른 사람이나 다른 생각에 너무 많이 합치되었을 때 생긴다는 것을 기억할 것이다. 우리 자신은 사라져 버리고, 타인과 구별이 어렵게 된다. 저항으로서의 융합은 우리가 오래되고 익숙한 행동 방식으로 되돌아갈 때 생긴다. 즉, 우리가 변화시키려는 것을 변화시키지 않고 그대로 받아들일 때 생기는 것이다.

행동을 통해 어떻게 융합을 확인할 수 있는가

앞서 언급한 것처럼 우리 자신이나 다른 사람들이 너무 쉽게 동의한다고 느낄 때, 전혀 저항하지 않는 것처럼 보일 때, 또는 자신의 생각을 전혀 드러내지 않을 때 우리는 융합을 경험하고 있는 것이다.

융합을 어떻게 무효화할 수 있는가

어떤 면에선 "나는 당신이 어떤 말을 할지 매우 궁금합니다."라고 할 수 있을 것이다. 나는 사람들에게 가끔 다음과 같이 물어본다. "당신이 생각하고 있는 해결 방법은 어떤 것입니까?"

융합이란 다른 사람과 자신이 하나가 되어 자신의 정체성을 잃는 것이다. 즉, 다른 사람과 자신을 하나라고 지각하는 것이다.

사람들이 융합에서 벗어나기 시작하여 자신의 생각을 드러내게 되면 이어서 또 다른 도전을 맞는다. 어떤 사람들에게는 소란스럽게 하지 않는 융합이 잘 통합된 내사인 경우가 있다. 이런 경우에 융합을 취소하는 작업은 자신의 생각을 말하게 하는 것 이상이 된다. 그것은 바로 그 잘 통합된 내사를 직면하게 된다는 의미다.

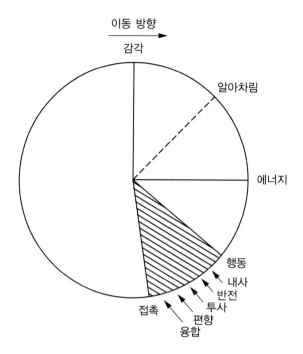

[그림 21-1] **행동 단계의 저항**

참고: 이 그림에서 전체 접촉 주기의 각 단계가 차지하는 비율은 해당 단계에서 실제로
소요되는 시간이나 에너지를 나타내는 것이 아니며, 이것은 개인의 경험에 따라
달라질 수 있다.

▶ **미주**

1. Polster, E., & Polster, M. (1982). *Gestalt Therapy Integrated: Contours
of theory and practice*. New York, NY: Vintage Books, 56, 57.
2. Perls, F., Hefferline, R. F., & Goodman, P. (1994). *Gestalt Therapy:
Excitement and growth in the human personality*. Highland, NY: The

Gestalt Journal Press, 391.

3. Gestalt Institute of Cleveland. postgraduate training program, year one.

4. Perls, F., Hefferline, R. F., & Goodman, P. (1994). *Gestalt Therapy: Excitement and growth in the human personality*. Highland, NY: The Gestalt Journal Press, 393.

5. Perls, F., Hefferline, R. F., & Goodman, P. (1994). *Gestalt Therapy: Excitement and growth in the human personality*. Highland, NY: The Gestalt Journal Press, 393.

6. Polster, E., & Polster, M. (1982). *Gestalt Therapy Integrated: Contours of theory and practice*. New York, NY: Vintage Books, 89.

CHAPTER **22**

접촉 단계

접촉이란 무엇인가

게슈탈트에서 접촉은 단순히 사전적 의미처럼 몇몇의 존재가 만나거나 함께하는 것을 의미하지는 않는다. 접촉은 분리된 존재들 사이에서만 발생할 수 있는 것으로, 독립성을 요구하면서도 동시에 하나로 결합되는 위험을 항상 감수하는 것이다. 그러다가 결합하는 그 순간에는 한 사람의 전 존재감이 새로운 창조적 존재가 되는 과정으로 휩쓸려 들어가게 된다. 나는 더 이상 내가 아니고, 나와 당신이 우리를 만들게 되는 것이다. 접촉은 성장에 없어서는 안 되는 요소인 동시에 자신을 변화시키고 세상에 대한 자신의 경험을 변화시키는 것이다. 따라서 접촉은 자신의 감각을 포함할 뿐만 아니라 접촉 경계에 영향을 주는 또 다른 감각도 포함하며, 서로 합쳐져 하나가 되는 감각까지 포함한다. 하지만 접촉의 속성으로 인해 자아나 독립성을 잃어버리는 위험도 있을 수 있다. 이처럼 접촉에는 모험과 예술이 공존한다.[1]

접촉은 변화하고 싶은 욕구를 충족하려는 사람과 환경 사이의 상호작용으로, 변화의 핵심이다. 여기서 제1부 제8장 '접촉 경계와 유기체 자기 조절 능력'의 내용이 기억나지 않는다면 다시 읽어 보는 것도 좋다. 접촉의 핵심은 우리가 알고 있는 것과 모르고 있는 것이 만난다는 것이다. 접촉은 목마른 사람이 물을 찾을 때, 애정이 필요한 사람이 그것을 찾을 때, 아버지를 잃은 데 대한 분노 감정이 해결 방법을 찾았을 때 이루어지는 것이다.

그러면 '주제'가 중요해지는 부분이 접촉이라는 것인가

그렇다. 앞서 주제가 최상위 전경인 동시에 방향이라고 언급한 것을 기억하는가? 최상위 전경이 더 명확하면 명확할수록 접촉은 더 만족스러워진다.

예를 들어 본다면 무엇이 있는가

나는 최근 잘못된 이성 문제로 속상해하는 한 여성과 상담할 기회가 있었다. 그 여성의 연애는 마치 '유기견'를 데려다가 '간호 하고, 지극정성으로 보살펴서 회복'시켰는데 다시 그 강아지가 도 망가서 분노하게 되는 것과 같은 패턴이었다.

이 경우 상담 주제는 다음과 같다. '나는 건강하지 않은 남자와 더 이상 만나고 싶지 않다(최상위 전경).' '나는 내가 바라는 대로 이런 만남을 지속하지 않을 수 있으며, 혹은 이와 반대로 계속해 서 '유기견 같은' 남자들을 만날 수도 있다(방향).'

우리는 이러한 주제에 대한 작업을 잘했는데, 이 여성은 자신이 가지고 있던 '좋은 크리스천이라면 사람들을 돌봐 줘야 한다.'라 는 내사를 극복하고 자신의 폐쇄적이고 겁에 질린 것처럼 보이는, 앉은 자세를 통해 드러난 반전을 극복할 수 있었다.

우리가 취한 행동은 실험이었는데, 그녀의 앉은 자세를 강조하 는 것이었다. 그리고 그녀가 자신과 자신의 경험에 관해 설명한 대로 몸을 좀 더 곧추세우는 자세를 취하도록 했다.

몸이 세워지자 그녀의 목소리는 깊어지고 말소리 또한 강해졌 다. 계속 그 자세로 앉아 있었는데도 목소리는 점점 더 강해졌고, 결국 일어서서 다음과 같이 말했다. "저 스스로가 유기견처럼 행 동하면서 어떻게 유기견 같은 남자를 만나지 않을 것을 기대할 수 있겠어요!"

이것이 바로 접촉점으로서 지금 현재 알고 있는 상태(유기견처 럼 행동하는 것)에서 알지 못하는 상태(덜 무기력한 새로운 방식으로 행동하는 것)를 만나는 곳이다. 이 여성은 자신의 투사, 즉 그 남성 들이 유기견이었다는 투사와 접촉했던 것이다. 우리는 함께 분노

와 당혹스러움, 그리고 두려움과 같은 감정을 좀 더 충분히 탐색
했다.

만약 우리가 명확하고 좋은 접촉을 하지 못한다면 어떻게 될 것인가

인간이라는 체계는 살아가면서 좌절하고 에너지를 소진한다.
변화를 위한 모델로서 우리가 게슈탈트 알아차림−접촉 주기에 집
중하는 것도 바로 이런 이유 때문이다. 아무런 접촉이 없다고 상
상해 보자. 그렇게 되면 아무런 만족도 없고, 끝없이 무언가를 바
라고 갈망만 하게 될 것이다.

접촉, '내'가 '당신'을 만났을 때, 그리고 '내가 아는 것'이 '내가 모
르는 것'을 만났을 때가 변화가 시작되는 때다.

상담 작업 중 접촉 단계에서 접촉이 명확하게 형성되지 않았을 때는 어떻게 하는가

나는 이러한 경우도 저항의 한 종류라고 생각한다. 이럴 때는

내 자신을 스스로 확인해 보고 내가 지금 느끼는 것이 저항인지 파악한 후에 거기서부터 출발한다. 그런 후에도 계속해서 상담이 진척이 없을 경우에는 조심스럽게 다음 단계에 무엇을 할 것인지 내담자와 함께 고민하고 협력해 나가야 할 것이다.

접촉을 목회에 어떻게 적용할 수 있는가

교회 리더나 구성원과 일할 때 교회 일을 하기가 얼마나 힘든지 자주 이야기하곤 한다. 의사결정은 너무 자주 지연되고, 별로 성과가 없는 것처럼 느껴진다는 것이다. 이런 점은 게슈탈트적 관점에서 보았을 때 '접촉'이 명확하게 이루어지지 않은 것이다.

목회에서 '접촉'을 활용해 보고자 하는 것은 접촉 주기에 초점을 맞추는 것이다. 접촉 단계가 없다면 감각과 알아차림에 관련된 욕구를 풀 수 없고, 에너지를 어디로 방출해야 하는지도 알 수 없으며, 행동을 통한 접촉도 일어날 수 없다.

교회 건물의 상태에 대한 사람들의 불만으로 교회 위원회가 열렸다고 생각해 보자. 모임을 통해 알아차린 것은 그동안 건물에 무엇이 필요한지 결정하는 데 너무 자주 소수의 사람들만 참여해 왔다는 것이다.

여기서 취할 수 있는 행동은 위원회 사람들이 다른 대안을 더 잘 알아차릴 수 있게 하는 일일 것이다. 또한 접촉은 이 일을 완수하도록 위원회를 조직하거나 좀 더 많은 위원이 참여해서 의사결정을 할 때 이루어질 수 있을 것이다. 이처럼 접촉 전에 선행되는 행동은 다양한 해결책을 제시하며, 넓고 다양한 접촉 지점을 가질 수 있게 해 준다.

앞서 여러 차례 언급한 바와 같이, 시간을 들여 전경을 온전히 알아차릴 수 있게 해 주어야 에너지가 집중될 수 있고, 어떤 행동을 취해야 할 것인지 명확한 의사결정을 할 수 있다. 그리고 그런 후에야 접촉(게슈탈트 작가는 이것을 만족감이라고 정의하기도 한다)이 발생하는 것이다. 접촉을 하는 실제적인 이유는 게슈탈트 관계와 창조에서 오는 기쁨이라고 보아도 무방하다.

목회상담에서도 접촉은 같은 방법으로 이루어진다. 사람들은 접촉 단계를 통해 접촉하고 만족감을 느낀다. 커플은 힘들었던 문제에 대한 서로의 생각을 나눌 때, 혹은 그들의 생각 대신 감정을 나눌 때 접촉하게 된다. 아이들은 부모가 자신의 이야기를 듣고 있다고 느낄 때 접촉하고 있다고 느낄 것이며, 아픈 사람은 고통 때문에 죽고 싶어 하는 마음을 다른 사람들이 이해해 주었을 때 접촉되었다고 느낄 수 있다.

이 상황에서의 '만족함' 이란 무엇인가

우리가 보통 '만족되었다(satisfied)'는 말을 할 때는 그것이 감정에 관한 내용이라고 생각하거나 행복하다는 것으로 생각하기 때문에 이 용어가 혼란스러울 수도 있을 것이다.

여기에서 '만족되었다'라는 말은 '해소되었다(resolved)'라는 말과 비슷한 의미를 지닌다. 감각과 알아차림 단계에서 시작한 에너지의 움직임은 접촉 단계에서 해소되는데, 이처럼 사람들은 이 단계에서 접촉과 동시에 완결을 느낀다.

예를 들면, 자신의 가족관계에 대한 명확하지 않은 알아차림을 확인하고 싶어 하는 내담자가 있을 수 있다. 여기서의 '만족함'이란 확인하는 것과 감정을 표현하는 것이 될 것이다. 그리고 그것은 행복한 것일 수도 있고 그렇지 않을 수도 있다.

또 다른 내담자는 부모 역할에 대한 감정과 접촉하고 싶어 할 수 있다. 그렇다면 그 내담자가 자신의 기쁨과 행복을 표현하며 만족을 느낄 때가 접촉이 일어나는 지점이 될 것이다.

접촉이 그토록 중요한 이유는 무엇인가

다음 단계에서 좀 더 명확하게 이해할 수 있겠지만, 접촉이 이루어지지 않는다면 사람들은 불만족한 상태로 남고 좌절할 것이다. 반면, 원하던 접촉이 이루어지면 그들은 삶의 새로운 감각을 찾아 나갈 수 있다. 온전한 접촉 없이는 정체되고, 새로운 경험을 향해 나아가지 못한다.

아이들과 접촉이 없다면 그들은 상대방이 자신의 말을 들어 주고 있다고 느끼면서도 여전히 거리감을 갖게 될 것이고 여전히 소외감을 느낄 것이다. 또 접촉 없이는 커플이 서로를 이해하지 못

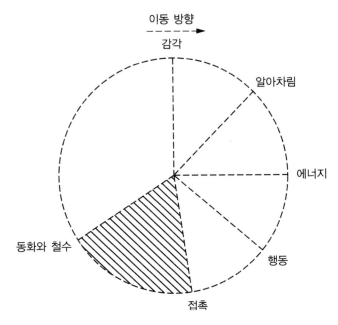

[그림 22-1] **접촉 단계**

참고: 이 그림에서 전체 접촉 주기의 각 단계가 차지하는 비율은 각 단계에서 실제로
소요되는 시간이나 에너지를 나타내는 것은 아니다. 이 비율은 개인의 경험에 따
라 달라질 수 있다.

하고 있다는 느낌을 갖게 될 것이다. [그림 22-1]의 접촉 단계에
대한 그림을 참고하자.

▶ **미주**

1. Polster, E., & Polster, M. (1982). *Gestalt Therapy Integrated: Contours
of theory and practice.* New York, NY: Vintage Books, 99, 100, 102.

CHAPTER **23**

접촉 단계에서의 저항

자신이 알아차림-접촉 주기의 어느 단계에 있는지 한번 주의를 기울여 보자. 접촉 주기에서 접촉하면 만족하게 된다. 자, 그렇다면 이제 그 만족을 뒤로하고 새로운 알아차림을 위한 다음 단계로 나아가야 한다. 하지만 이에 앞서 우리는 자신이 배운 것을 동화해야만 한다.

접촉을 통해 만족한 후 종결이나 동화, 철수로 진행해 나가는 것에 저항한다면 어떤 일이 일어날 것인가? 즉, 만족한 상태에 너무 오래 머무르면 어떤 일이 일어나겠는지 생각해 보자.

접촉과 철수가 방해받으면 자신의 최고의 경험, 즉 정점을 내려놓지 못하게 된다. 결국 그 절정 경험에 너무 오래 머무르게 되어 돌이킬 기회

를 놓치고 피로감과 무거움, 둔탁한 감각을 부정하기 위해서 방어를 하게
될 것이다.[1]

사람들은 너무 오래 '머무르면서' 변화 과정을 지연시킬 수 있
다. 즉, 접촉 주기의 종결을 미루면서 완결을 향해 나아가는 것을
방해하는 것이다. 이때 사람들은 다양한 방식으로 머무르게 된다.
어떤 사람들은 자신이 배운 것이 모자라거나 없기 때문에 더 배워
야 할 필요가 있다는 것을 인정하지 않을 수도 있고, 어떤 사람들
은 자신이 처한 현재 상황을 넘어서 움직이지 못할 수도 있으며,
새로운 경험을 상상조차 하지 못할 수도 있다. 또 어떤 사람들은
새로운 아이디어를 통합하는 것에 저항할 수도 있다.

머물러 있으려는 것에도 목적이 있을 수 있는가

앞서 말한 것처럼 어떤 경우엔 그럴 수도 있다. 서두르면 안 되
며, 접촉 단계에서는 온전한 집중이 필요하다. 때로 우리는 내담
자가 배운 것을 완전히 습득할 수 있게 하기 위해 의도적으로 특
정 단계에 내담자를 머물러 있게 하기도 한다.

때로는 끝난 작업과 끝나지 않은 작업에 대해 사람들이 평가할
수 있도록 도와주어야 할 필요도 있다. 주지했듯이 종결에 대한
평가는 여러 면에서 우리 문화에서는 낯선 것이다. 종결로 나아가
기 위해서는 지금까지 성취한 것이 무엇인지 눈여겨봐야 한다. 우

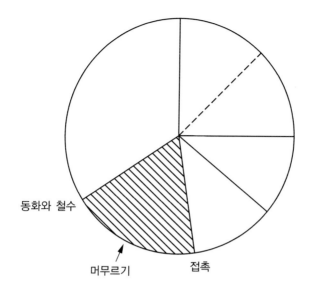

동화와 철수

머무르기　　접촉

[그림 23-1] **접촉 단계에서의 저항**

참고: 이 그림에서 전체 접촉 주기의 각 단계가 차지하는 비율은 각 단계에서 실제로
　　소요되는 시간이나 에너지를 나타내는 것은 아니다. 이 비율은 개인의 경험에 따
　　라 달라질 수 있다.

리가 이룬 것이 명확하게 무엇인지 알고, 그것을 통해 배우기 위
해서는 눈여겨봐야 한다는 것이다. 접촉 주기에 관한 [그림 23-1]
을 참고하라.

▶ **미주**

1. Zinker, J. (1977). *Creative Process in Gestalt Therapy.* New York, NY:
　　Vintage Books, 110.

CHAPTER **24**

동화와 철수 단계

이제 우리는 접촉 주기를 전반적으로 거의 다 살펴보았다. 감각부터 알아차림, 에너지, 행동, 그리고 접촉까지 말이다. 이제 남은 과제는 작업을 마무리하고 새로운 감각과 알아차림을 향해 나아가는 것이다.

접촉 주기 마지막 단계의 목적은 다음과 같다.

대부분의 사람들은 다행스럽게도 미해결 과제를 감당할 만한 능력을 지니고 있다. 사람들이 살아가면서 그처럼 많은 미해결 상황을 접할 수밖에 없도록 운명지어져 있기 때문이다. 하지만 이런 미해결 과제는 완결할 수 있는 방법을 찾기 때문에, 완결하고자 하는 욕구가 지나치게 강해지면 어느 정도 감당할 수 있는 능력이 있음에도 선입견에 빠지거나 강박적 행동에 사로잡히고, 경계심에 사로잡히거나 에너지를 억압하는 등의 많은 자기 파괴적 행동을 보이게 된다. 만약 종결되지 않은 이런 환경이 충분히 강력 해진다면 그 사람은 자신이 선택한 편향된 방향(다른 더 강력한 미해결 과제를 무시하거나 약화시켜서 해결하지 않으려 함)이 아무리 성공적이라 할지라도 그 상황이 종결되기 전까지 전혀 만족할 수 없게 된다.[1]

게슈탈트 학습 이론의 중요한 조직 원리 가운데 하나는 종결이다. 사람들은 자신의 주변 세계를 인식할 때 불완전한 시각 정보를 완전하고 의미 있는 것으로 받아들이는 경향이 있다. 동그라미 끝이 서로 맞붙어 있지 않아도 우리는 그것을 동그라미로 볼 것이다. 모양이 불완전한 글자라도 만약 그 글자의 주요 속성이 유지되고만 있다면 여전히 의미 있는 글자로 해석될 것이다. 이처럼 게슈탈트 치료에서도 내담자가 자신의 대인관계 문제를 완결하고 싶어 안간힘을 쓴다는 것을 우리는 알고 있다. 그렇게 하는 것이 아무리 어려워도 말이다. 자이가닉(Zeitgarnik) 효과에서 알 수 있듯이 사람들은 완결을 추구한다. 즉, 사람들이 자신의 삶에서 진정으로 원하는 것과 찾고 있는 것은 완결된 경험이다. 삶이 완결되고 온전해지면 그런 경험은 우리가 이미 가지고 있는 배경 경험과 하나가 되어 또 다른 관심이 떠오를 수 있게 된다.[2]

접촉 주기에서 동화와 철수 단계의 목적은 무엇인가

동화와 철수 단계는 접촉 주기에서 '종결(또는 완결)'에 해당한다. 종결이란 변화에 접촉하는 데서 출발하여 그 변화를 받아들이는 과정을 통과한 후, 결국 새로운 접촉 주기를 향해 나아가는 행동을 말한다.

동화와 철수 단계를 통해 완결된 작업은 새로운 전경과 경험을 위한 배경이 된다.

자연스럽게 일어나는 과정 같은데 왜 이 부분이 그렇게 중요하다고 강조하는 것인가

이상적인 세계에서는 동화와 철수, 그리고 종결이 자연스럽게 일어날 수 있을 것이다. 이상적으로 우리는 어떻게 일이 시작하는지에 관심을 갖는 만큼 그것이 어떻게 종결되는지에도 관심을 갖는다고 할 수 있다. 그런데 실제로 종결은 무시되거나 되는 대로 대충 마무리되는 경향이 있다. 다른 단계와 마찬가지로 알아차림-접촉 주기의 이 마지막 단계는 중요하게 생각하고 엄격하게 받아들여야 한다. 다른 말로 하자면, 우리는 충분하고 온전한 종결을 위해 주의를 기울여야만 한다는 것이다.

언제 종결이 일어나는가

앞서 설명했듯이, 접촉은 '현재 알고 있는 것과 모르고 있는

것' 사이의 경계가 만나서 하나가 될 때 이루어진다. 동화와 철수
는 이런 경계가 다시 나타날 때 시작된다. 이것을 시각적으로 표
현하자면 겹쳐 있던 두 개의 CD가 독립된 각각의 CD로 분리되기
시작하는 것과 같다고 할 수 있겠다.

　비록 지금 알아차림—접촉 주기의 마지막 단계를 이야기하고 있
긴 하지만, 접촉 그 자체가 끝나서는 안 된다. 무엇이 완결되고 미
완결되었는지, 무엇을 배웠고 배우지 못했는지, 또 무엇이 후회할
일이고 감사할 일인지 인식하기 위해 접촉은 지속적으로 이루어
져야 할 것이다.[3]

그래서 종결은 갑자기 일어나는 것이 아니란 말인가

　그렇다. 종결은 과정, 즉 게슈탈트 세계 안에서 이해할 수 있는
과정이다.

이 단계 안에 또 단계가 있는가

　그렇다. 여러 단계가 있다. 우선, 작업이 **종결되었음**을 알아차
리게 된다. 여기서 우리는 더 이상 할 것이 없다고 느낀다. 집중되
었던 에너지는 소멸하기 시작하고, 종결된 것에 만족감을 느낄 것
이다.

　그다음엔 **종결**이다. 여기서 우리는 완결된 것이 무엇이고, 아직 완결되지 않은 것은 무엇인지 알게 된다. 그 후에 일어나는 것이 **철수**다. 이곳에서 지금까지 경험해 온 것으로부터 관심이 전환되어 새로운 경험이 자리 잡을 수 있는 휴식 단계로 되돌아가게 된다. 어떤 사람들에게는 휴식 단계라는 개념이 생소한 것일 수도 있다. 알아차림-접촉 주기를 기억해 보자. 접촉 주기는 휴식 상태에서 시작하여 감각으로 이동한 후 주기 전체를 돈다. 휴식 단계와 새로워진 또 다른 선택이 없다면 새로운 알아차림과 새로운 전경이 발전할 수 있는 기회 또한 없다.

　마지막으로 **동화**가 있다. 이것은 수동적인 과정이 아니다. 동화는 오히려 새로운 경험과 학습을 통찰함으로써 그것을 미래에 사용할 수 있게 돕는 과정으로, 여기서는 학습한 것이 사용될 수 있도록 완전히 이해되고 변형된다. 동화 과정에서 사람들은 자신이 성취한 것을 통해 스스로를 새롭게 재정의하게 된다.[4] 알아차림-접촉 주기의 동화와 철수 단계는 [그림 24-1]이 보여 주고 있다.

　나는 이 동화와 철수 과정이 게슈탈트 테두리 안에서 진행되는 작업들 가운데 없어서는 안 되는 독특한 과정이라고 생각한다. 여태까지 일어난 학습을 이해하는 과정이 바로 이 부분에 포함되기 때문이다. 이곳은 마치 어떤 사람의 존재에 새로운 어떤 것이 더해지는 것과 같은 변형이 일어나는 곳이다. 나는 작업을 할 때, 알아차림-접촉 주기의 이 단계에서 마치 오래된 것이 새로운 것을 위한 배경이 되는 듯한 성스러운 감정을 느끼곤 했다. 즉, 한 경험의 죽음 및 또 다른 경험의 탄생과 같은 가능성을 통해서 말이다.

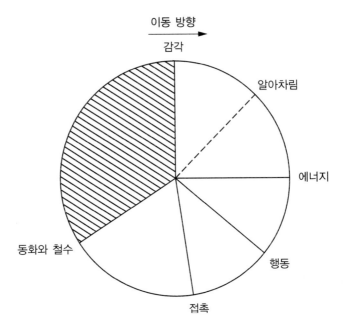

[그림 24-1] **동화와 철수 단계**

참고: 이 그림에서 전체 접촉 주기의 각 단계가 차지하는 비율은 각 단계에서 실제로
  소요되는 시간이나 에너지를 나타내는 것은 아니다. 이 비율은 개인의 경험에 따
  라 달라질 수 있다.

동화와 철수는 새로운 전경이 흡수되어 새로운 배경의 일부가 되는

것으로, 단순한 종결 그 이상을 의미한다.

상담 작업 중에 이 단계를 어떻게 다루는가

우선 실험을 해 보자. 잠시 상담자로서 종결을 어떻게 다루는지 생각해 보자. 갑작스럽게 종결하는 편인가? 그동안 어떤 이야기를 나누었는지 돌아본 후 종결하는 편인가? 아니면 종결에 대한 주제를 다루는 것이 싫증나서 그냥 그만둬 버리는가?

우리는 각자 자신이 선호하는 종결 방식이 있다. 이런 이유에서 자신이 처한 상황이나 함께하는 내담자에게 맞는 종결 방식에 주의를 기울여야만 한다. 어떤 방식의 종결이 필요한지 주의를 기울이는 것은 경험을 동화하는 과정에 도움이 된다.

예를 들어, 자신의 생각을 완전히 이해하는 데 어려움을 겪는 내담자와 상담한다면 그 상담을 다시 검토하는 것으로 회기를 마무리하면서 내담자가 무엇을 얻어 가는지 물어본다. 이런 작업을 통해 내담자에게 생각을 말로 표현할 기회를 주고, 오늘 상담의 의미를 '이 순간'의 방식으로 나누게 한다. 그런 다음 회기를 마치면서 내담자가 느낀 경험을 나눌 수 있는 시간을 갖는다. 이러한 방식은 내담자에게 자신이 경험한 변화에 감사할 수 있도록 해 주고, 안전감과 해냈다는 느낌을 가지고 상담실을 떠날 수 있도록 해 줄 뿐 아니라 그들이 다음 경험을 자유롭게 할 수 있도록 해 준다.

가끔 나는 내가 체험한 것을 피드백해 주기도 하고, 작업에 대한 나의 느낌을 나누기도 한다. 이런 방식으로 내담자 개인뿐만 아니라 체계 내의 모든 구성원에게 종결할 수 있는 기회를 준다.

일반적으로 나는 회기에서 어떤 일이 일어났는지, 이번 회기에서
는 일어나지 않았지만 나중에 일어날 수 있는 일은 무엇인지, 그
리고 이 회기를 통해 무엇을 얻어 가는지 내담자가 확인할 수 있
도록 돕는다.

내가 하는 상담이 보통 장기 목회상담이기 때문에 나는 내담자
의 성장을 위해 그들이 자신의 쟁점에 '머물러' 있으려고 하는 것
을 허용해 준다. 그렇게 해서 그들은 뭔가 미해결되었다는 것을
느낄 필요가 있다. 그리고 그런 감정이 다음 회기의 전경이 될 수
있다. 하지만 대부분의 목회상담 상황에서는 명확하게 정리된 종
결과 철수, 동화가 더 좋다.

이와 관련된 예시가 있다면 무엇인가

교회 회의를 생각해 보자. 아무것도 성취하지 못하고 뭔가 미해
결되었다는 느낌과 함께 끝나 버리는 회의가 있다. 이런 경우 회
의를 다음과 같이 진행할 수 있을 것이다. 즉, 회의를 진행할 수 있
는 시간이 얼마나 남았는지 확인하고, 끝날 때가 가까워지면 사람
들에게 의도적으로 어떤 내용에 대해서는 논의가 끝났고, 어떤 내
용에 대해서는 아직 논의가 마무리되지 않았다는 것을 상기시켜
주는 것이다.

이런 회의에서 나는 종종 방 안을 돌아다니며 참석한 사람들에
게 회의를 통해 얻은 것이 무엇인지 간결하게 말해 보라고 한다.

어떤 때는 내가 얻은 것을 나누기도 한다. 그리고 또 다른 사람들의 생각도 물어본다.

상담 장면에서 나는 종결뿐 아니라 에너지의 변화에 대해서도 주의를 기울인다. 그런 후 "저는 오늘 당신이 어떤 것을 얻어 가는지 궁금하군요."라고 확실하게 물어본다. 이런 방식으로 상담을 통해 그들이 한 일의 틀을 잡아 주고, 그들이 그것을 확인하고 축복할 수 있는 기회를 준다.

예배 상황에서는 그날의 설교 주제와 관련된 찬송가 혹은 축복기도로 예배를 마치는 것이 중요하다. 이런 방식으로 알아차림-접촉 주기 모델에서는 감각과 알아차림부터 접촉과 종결까지 모든 단계가 예배 순서에 적용될 수 있을 것이다.

우리는 모든 상황에서 종결에 주의를 기울여야 할 필요가 있으며, 여러 가지 방식으로 종결이 이루어지게 할 필요가 있다. 종결 없이는 결코 상담 작업을 완료했다고 느낄 수 없다. 상담 작업을 통해 얻은 지식이 흡수(동화)될 수 있는 기회도 없이 내담자의 삶 속에 녹아들어 갈 수는 없는 것이다. 이 단계의 작업이 없다면 경험한 것은 미래의 학습과 행동을 위해 사용될 기회를 얻지 못한 채 고립되어 버릴 것이다.

성장을 위한 아이디어

종결과 철수는 풍성한 삶을 위한 중요한 요소다. 이런 과정이 없다면 사람들은 새로운 배경과 전경을 위해 앞으로 나아갈 수 없다. 자신은 어떤 방식으로 종결하는지 생각해 보자. 좀 더 오래 '머물러 있기'를 좋아하는 편인가? 아니면 좀 더 일찍 떠나보내는 편인가? 자기 자신을 살펴보고 다음과 같이 질문해 보자. '이 경험을 통해 나는 최적의 것을 배웠는가?' '내가 너무 오래 머무르거나 너무 일찍 떠나지는 않았는가?'

▶ **미주**

1. Polster, E., & Polster, M. (1982). *Gestalt Therapy Integrated: Contours of theory and practice.* New York, NY: Vintage Books, 36-37.
2. Korb, M. P., Gorrell, J., & Van De Riet, V. (1989). *Gestalt Therapy: Practice and theory.* Needham Heights, MA: Allyn and Bacon, 8-9.
3. Gestalt Institute of Cleveland. postgraduate training program, year two.
4. Gestalt Institute of Cleveland. postgraduate training program, year two.

CHAPTER **25**

동화와 철수 단계에서의 저항

동화와 철수에서 감각과 알아차림으로
나아가지 못하게 막는 것은 무엇인가

자신이 알아차림-접촉 주기의 어디에 있는지 기억하자. 새로운 자료를 흡수(동화)하고 새로운 감각과 알아차림으로 나아가는 단계, 즉 우리는 이제 접촉 주기를 종결하는 과정에 있는 것이다. 저항은 감각 경험을 막는 태도나 행동을 말한다([그림 25-1] 참고).

이것을 이해하는 한 가지 간단한 방법이 있는데, 그것은 무감각(numbness)이다. 사람들은 어떤 종류의 종결이든 알아차리지 못할 수 있는데, 그 결과 새로운 알아차림-접촉 주기를 위한 배경이 될 수 있는 감각이나 자료를 전혀 모을 수 없게 된다.

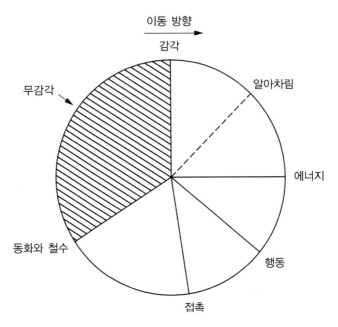

[그림 25-1] **동화와 철수 단계에서의 저항**

참고: 이 그림에서 전체 접촉 주기의 각 단계가 차지하는 비율은 각 단계에서 실제로
소요되는 시간이나 에너지를 나타내는 것은 아니다. 이 비율은 개인의 경험에 따
라 달라질 수 있다.

그럼 그렇게 하지 않게 하기 위해서는
어떻게 해야 하는가

마무리된 작업을 단순히 검토하는 것만으로도 새로운 감각에
대한 충분한 배경이 될 수 있다. 이런 방법은 접촉 단계에서 다음
단계로 나아가는 데 어려움이 있는 사람들뿐만 아니라 모든 사람

및 상황에도 적용된다.

이것을 직접 자신의 경험을 통해 알아보기 위해서는 자신이 예전에 가졌던 상담 회기나 미팅 또는 다른 사람들과의 만남을 준비하던 과정을 다시 한 번 검토해 보자.

사람들은 가끔 종결되거나 미결된 일을 제대로 인식하기 위해 도움을 필요로 한다. 앞서 언급한 것처럼 현대사회의 문화에서 종결에 대한 인식은 낯선 것이다. 따라서 우리는 때때로 종결을 명확히 하고 종결에서 배우기 위해 그것을 강조할 필요가 있다.

게슈탈트 관점에서의 모든 작업이 그렇듯 이런 저항의 가치를 인식하는 것은 중요하다. 스스로에게 물어보라. 새로운 알아차림–접촉 주기를 향해 나아간다면 무슨 일이 일어날 것인가? 지금 "아니요."라고 말하는 것은 무엇을 의미하는가? 지금 "네."라고 말하지 못하는 것은 무엇이 두려워서인가? 이 작업이 '안전한 비상사태'가 되게 하기 위해서 나는 무엇을 해야 하는가?

CHAPTER **26**

검토 및 사례 보기

일상생활에서 게슈탈트 원리를 적용하려면
무엇을 알고 있어야 하는가

알아차림–접촉 주기를 다시 생각해 보자. 방해받지 않는다면 주기는 스스로 감각과 알아차림 단계부터 시작하여 동화와 철수 단계까지 흘러간다. 문제는 이런 흐름 가운데 이것을 허용하지 않는 저항이 있다는 것이다.

게슈탈트 원리에 따라 작업할 때는 다음의 두 가지 질문에 대한 답에 주의를 기울여야 한다.

1. 나는 알아차림–접촉 주기의 어느 단계에 있는가?

2. 나는 어떤 저항을 경험하고 있는가?

이 질문에 어떻게 답해야 하는가

자신의 경험을 신뢰해야만 이 질문에 답할 수 있다.

감각과 알아차림

이 단계는 감각에서 알아차림으로 넘어가는 것을 통해 알 수 있다. 이 단계에서는 사람들이 자신의 위치와 지금 여기에서 경험하고 있는 것을 알아차릴 수 있다. 무엇보다 현재 경험하는 것이 가장 중요하다. 상담자는 감각에서 알아차림으로 넘어가는 과정을 전경으로 떠올릴 수 있어야 한다. 그런 다음, 사람들이 이 단계에서의 작업을 통해 알아차리게 된 것을 전경으로 떠올릴 수 있게 도와줘야 한다. 만약 사람들이 전경으로 떠올리지 못하는 것처럼 보인다면 감각의 과부화를 경험하고 있기 때문일 수도 있다. 그들이 경험하는 감각을 분명히 해서 알아차림을 좀 더 온전하게 할 수 있도록 도와야 한다.

에너지

에너지는 감각을 통해 경험할 수 있다는 것을 기억해야 한다.

이 단계에서는 에너지를 얻고, 작업에 좀 더 집중하게 된다. 상담자는 사람들의 신체나 목소리의 변화, 그리고 또 다른 감각의 변화를 알아차림으로써 내담자의 에너지가 어떻게 변하는지 알 수 있다.

일반적으로 알아차림-접촉 주기, 특히 이 단계에서 상담자가 내담자를 도울 수 있는 한 가지 방법은 내담자의 행동을 따라하는 것(mirroring)이다. 내담자가 몸을 앞으로 내밀면 상담자도 따라서 앉은 채로 몸을 앞으로 내민다. 상담 중에 내담자가 팔짱을 끼면 상담자도 팔짱을 낀다. 이런 행동을 바로 따라하지는 말자. 곧바로 따라한다면 내담자의 초점이 상담자의 행동으로 옮겨가 버릴 수 있기 때문이다. 그러므로 서서히 내담자의 행동과 움직임을 따라하도록 한다.

동시에, 내담자의 에너지 변화에 주의를 기울여 본다. 그들의 목소리나 신체 혹은 말투에서 변화를 알아차리면 그것을 함께 나눈다. 물론 너무 많이 나눠서는 안 된다. 이처럼 대화의 내용보다 작업의 과정을 선택적으로 지지한다. 상담자는 내담자가 그들 자신의 에너지를 잘 알아차리도록 도와서 이 단계에서 헛수고하는 일이 없도록 해 주어야 한다.

그들이 만약 헛수고만 하고 있는 것 같다면, "당신은 ……을 시작할 때마다 목소리가 작아지는 것 같군요."와 같이 말해 줌으로써 그런 패턴을 스스로 알아차리게 돕는다. 사람들은 다음 단계의 결과에 대한 확신이 없을 때 헛수고를 하게 된다. 그러므로 조금 더 뒤로 물러나 작업 과정을 돌이켜 볼 수 있게 해 준다면 보다 쉽게 앞으로 나아갈 수 있을 것이다.

행동

행동 단계는 행동을 통해 알 수 있다. 이 단계에서 사람들은 그들 자신이 알아차린 것을 확인하고 에너지를 얻은 후 접촉하기 위한 행동을 시작한다.

이 단계에서는 많은 저항이 나타난다. 앞서 이미 언급한 바 있는 간단한 방법을 통해 이런 저항에 주의를 기울여 보자. 이 행동단계뿐 아니라 모든 단계에 나타나는 저항이 사람들의 인생에서 어떤 역할을 하며, 어떤 가치를 지니는지 호기심 어린 마음으로 보도록 하자. 기억해야 할 것은 사람들이 "아니요."를 말하는 창의적인 방법이 저항이며, 따라서 그것을 존중해야 한다는 것이다.

접촉

이 단계는 사람들이 체험하게 되는 새로운 경험에 대한 놀라움을 통해 확인할 수 있다. 사람들의 욕구와 바람이 충족되는 단계가 바로 이 단계다. 접촉은 에너지가 내려가면서 새로운 정서적 공간에 있다는 느낌을 통해 자주 경험된다.

또한 이 단계에서 우리는 자신이 알고 있는 것과 알지 못하는 것에 접촉하게 된다. 접촉을 확실하게 할 수 없다면 사람들은 어떤 변화도 지탱하거나 소화해 낼 수 없을 것이다. 사람들이 자신

의 새로운 부분과 접촉하게 될 때 작업에서 살짝 뒤로 물러나 접
촉이 지나치게 압도적이지 않고 선명하게 이루어질 수 있도록 해
주어야 한다. 새롭게 알아차리게 된 것이 분명해질 때까지 충분히
접촉 단계에 머무를 수 있도록 해 준다. 하지만 접촉에 둔감해질
만큼 오래 머무를 필요는 없다.

동화와 철수

이 단계는 알아차림-접촉 주기의 마지막 단계로, 새롭게 알아
차린 것을 통합하는 단계다. 이 단계는 '내가 이걸 어떻게 받아들
여야 하는가?'와 같은 사색과 감정을 통해 확인할 수 있다. 여기
서는 접촉 단계에서처럼 내담자가 자신의 이전 모습과 현재 모습
을 이해할 수 있도록 지지해 준다. 특히 새로워진 것을 축하하고
지지해 준다.

그래서 게슈탈트 상담은
'큰' 그림과 그 '큰' 그림을 완성하기 위해
장애물을 해결하도록 돕는 두 가지 차원에서
일어난다고 보면 되는가

그렇다. 알아차림-접촉 주기에는 두 가지 차원 있다는 것을 알
고 있을 것이다. 첫 번째 차원에서는 지구가 태양 주위를 도는 것

처럼 사람들이 전체 주기를 중심으로 움직인다. 이것은 큰 차원의 주기다. 동시에 지구는 자전하는데, 이것은 전체 주기에 비하면 매우 작은 차원의 회전이다. 다시 말하자면, 우리는 큰 차원의 주기를 중심으로 작업하는 동시에 각 단계에서 만나는 저항을 매우 작은 차원에서도 다뤄야만 한다.

수년 전, 나는 자신의 생각과 결정을 부모님께 알릴 수 있는 능력을 키우고 싶다는 한 젊은 여성과 상담한 적이 있다. 그녀는 사람들이 자신에게 의견을 말해 보라고 하면 그냥 외면해 버렸다고 했다.

큰 차원에서 보자면 우리의 작업은 그녀에게 있어서는 익숙한, 성장이 멈춰 버린 그녀 자신의 모습에서 시작하여 아직 그녀가 잘 알지 못하는, '그녀 자신의 밖에' 있는 모습으로 옮겨 가는 것이었다. 그녀는 자신의 목소리가 부자연스럽고 어린애 같다는 것을 알아차린 후, 그런 모습에서 벗어나 '좀 더 어른스럽게' 말하고 싶어 했다. 이것이 큰 차원에서 이루어져야 할 작업이었다.

동시에 우리는 매우 작은 차원에서도 작업해야 했는데, 거의 모든 저항을 다루어야 했다. 에너지 단계에서 '헛수고를 하는' 시점을 만났는데, 에너지가 모이면 그녀의 목소리에 힘이 빠졌기 때문에 그녀가 목소리를 크게 낼 수 있도록 돕는 작업을 해야 했다. 한편, 매우 작은 차원에서 우리는 그녀의 오래된 반전 방식뿐 아니라 투사도 다루게 되었다.

그래서 우리가 할 수 있는 작업은
단순히 내사에 관한 것인가

맞다. 그럴 수 있다. 전체 주기와 각 단계 작업에서는 어떤 요인이든 그것이 작업의 초점이 될 수 있고, 작업 중에 전경으로 드러나는 저항에 초점을 맞출 수도 있다. 종종 내담자의 알아차림을 높여 주고 저항을 해결하는 일에 작업의 초점을 맞출 때 가장 만족스러울 수도 있다. (내사와 다른 접촉 경계 장애, 즉 투사와 반전 등은 모두 연결되어 있다.)

사람들에게 거의 질문을 하지 않는
특별한 이유가 있는가

맞다. 이유가 있다. 질문을 하면 사람들은 취조당한다고 느낄 수 있다. 질문은 말한 내용에 초점을 맞추게 되는 경향이 있고, 그것은 '나는 질문할 테니 너는 대답해라.'라는 식으로 관계를 나누어 버린다.

자신의 관심사나 궁금한 점에 주의를 기울이면서, 또는 자신의 상태를 알아차리면서 상대방과 질문 대신 진술문으로 대화해 나가면 게슈탈트 작업의 핵심이 되는 상호 탐색 관계를 가질 수 있을 것이다.

질문하고 대답하는 방식으로 작업하는 것보다 상담자로서 자신이 알아차린 것과 궁금한 것을 나누는 방식으로 작업하는 것이 좀 더 쉬울 것이다. 이 방법을 시간을 내어 한번 실험해 보자. 예를 들면, 어떤 사람이 자신의 가족에 관해 이야기하고 있다고 하자. 그런데 그 사람에게 다른 형제에 관해 좀 더 들어보는 게 도움이 될 것 같다고 생각한다면 "당신의 그 형제가 궁금하군요. 그에 관해 좀 더 이야기해 주세요." 또는 내가 더 선호하는 방식인데, 단순히 "그 형제가 궁금해지네요."라고 하는 것이다.

사례분석 1: 개인 상담

이 사례를 통해 주제가 어떻게 발전해 가는지 볼 수 있다. 즉, 가장 중요한 전경은 무엇이고 작업의 방향은 어떻게 설정해 가는지, 그리고 은유는 어떻게 활용하는지 확인할 수 있을 것이다. 이 사례는 35세의 이혼한 백인 여성인 Lynn에 관한 것이다. Lynn은 2년에 걸쳐 45회기 동안 나와 상담했다. Lynn과의 상담에서 중요한 주제는 '건강한 남자'와의 관계 형성이 어렵다는 것이었다. 그녀는 "저는 늘 유기견을 집에 데려와요."라고 했다.

상담의 주제는 친구관계로 남아 있는 오래된 이성 관계를 깨끗하게 정리해야 할 필요성과 이 관계에 대해 그녀가 느끼는 불안감이었다.

• 주제
  – 최상위 전경: 오래된 관계를 깨끗이 정리할 것인지 여부
  – 방향: 오래된 관계를 청산하는 것과 관련된 의미 및 감정을 탐색하겠다는 선택

• 감각과 알아차림

Lynn의 알아차림은 극심한 불안이었다. 그녀는 자신이 느끼는 불안을 알고 있었다. "마치 금방이라도 다이빙대에서 뛰어내려야 할 것 같은 느낌이에요."라고 말했는데, 이런 알아차림과 관련된 감각은 주로 그녀의 마음속에 자리 잡고 있었다. 그녀는 마음이 무겁고 긴장되어 있는 것 같다고 했다. 그녀가 자신이 사용한 '다이빙대' 은유에 관심과 에너지가 있음을 보여 주었기 때문에 우리는 그 은유를 치료 과정 내내 사용하기로 했다.

• 에너지

Lynn의 에너지는 주로 그녀의 목소리나 자세에서 볼 수 있었다. 그녀의 목소리는 때로 긴장한 것처럼 보였고, 목이 '졸리는' 느낌을 받는다고 했다. 그녀가 자신의 예전 관계를 청산하는 것에 관해 말할 때면 그녀의 에너지는 올라갔다 떨어지곤 했다. 그녀는 '깔끔하게 다이빙할 것'이라면서 흥분하며 이야기를 시작하는데, 그런 후엔 "슬퍼요, 다이빙을 실패할 것 같아요."라면서 힘이 빠지곤 했다. 우리는 함께 '다이빙할 준비하기'라는 이미지를 만들었다. 그리고 일생일대의 다이빙을 준비하기 위해 다이버가 할 일

은 무엇인지 함께 탐색했다.

• 행동

우리가 취한 행동은 다이버를 지도하는 코치의 목소리에 초점을 맞추는 실험이었다. 코치는 그녀가 다이빙하려고 할 때 그녀를 지지하고 격려해 줘야 했다. 다이버와 코치는 함께 다이빙대를 향해 한 걸음씩 '걸어가 볼' 것이다. 이 행동 단계에서 목표는 그녀의 '용감하고 자신감 있는 다이버' 측면에 그녀 스스로 접촉하게 해 주는 것이었다. 그리고 상담자로서 나의 목표는 어려운 시기에 자신을 스스로 지지할 수 있는 능력에 대한 그녀의 알아차림을 증가시켜 주는 것이었다. 이 행동 단계에서 우리는 내사와 편향이라는 두 개의 핵심 저항에 대한 작업을 했다.

그녀의 내사는 '너는 결코 좋은 남자를 사랑할 수 없을 것'이라는 그녀의 가족에게 받은 메시지였다. 그녀는 이런 내사를 다이빙에 대한 자신의 비판적 메시지, "난 이걸 할 수 없어. 이 다이빙을 결코 할 수 없을 거야."를 통해 알아차리게 되었다. 그녀의 편향은 자신의 코치 역할과 다이버로서의 역할 간에 접촉을 잃게 되었을 때 유머를 통해 표출되었다.

내가 파악한 이 두 개의 저항은 우리의 작업이 너무 빠르게 진행되고 있었기 때문에 스스로 준비되었을 때 선명한 접촉을 할 수 있도록 자신에게 맞는 페이스를 유지하고자 나타난 저항이었다.

이 실험에 대해 나는 다음과 같이 설명하였다. "Lynn, 나는 이 다이빙 은유에 관심이 있어요. 이 다이빙 작업을 좀 더 하면서 당신 자신을 지지할 수 있는 방법을 찾아보지 않겠어요?" (그녀는 실제로 관심을 보였다.)

"일생일대의 다이빙을 준비하는 대부분의 선수는 코치를 두고 연습해요. 그들은 함께 준비하죠. 서로 지지해 주기도 하고 때론 싸우기도 하면서. 나도 몇 번 다이빙 대회에 나간 적이 있는데 인상 깊었던 것은 두 사람 간의 팀워크였어요. 난 당신이 코치와 다이버의 목소리를 모두 시도해 볼 수 있는지 알고 싶어요. 당신이 코치로서 다이버에게, 그리고 다이버로서 코치에게 서로 이야기를 주고받을 수 있으면 좋겠어요."

실험을 해 보고 싶다면서 그녀가 빈 의자에 앉았다. 두 역할 실험에서 그녀는 많은 에너지를 보여 주었다. 다이버로서 그녀는 자신의 두려움을 알고 있었고 다이빙을 할 수 있다는 확신이 필요하다는 것도 알고 있었다. 또한 그녀는 코치가 함께 다이빙을 해 줄 수 있는지 묻기까지 했다. Lynn은 불안해 보이지 않았고 에너지가 있어 보였다. 그녀는 다이빙하기 위해 어떻게 '스스로를 집중'시킬 수 있는지에 관한 구체적 정보와 다이빙을 실행하기 위한 많은 단계를 말할 수 있었다. 상담자로서 내가 주로 한 일은 Lynn이 자신의 역할을 유지하도록 돕고 적절하게 독려해 주는 것이었다.

실험이 계속되자 다이버는 저항하면서 코치의 말을 의심하기 시작했다. 그녀는 코치가 다이빙을 한 번도 해 본 적이 없다고 했으며, 자신이 경험하게 될 일이 어떠할 것인지조차 그가 전혀 알지 못할 것이라고 했다. 나는 이 갈등을 접촉 경계 장애의 문제로 봤기 때문에 그녀가 이것을 다루도록 해 주었다. 즉, 그녀 자신이 이미 알고 있는 부분인 "난 다이빙을 할 수 없어. 그래서 하지 않을 거야."와 그녀가 알지 못하는 부분인 "난 다이빙을 할 수 있어."를 그녀 스스로 말할 수 있도록 도와주었다. 이것이 바로 접촉 지점이었다.

• 접촉

다이버가 점점 더 화를 많이 내면서 결국은 "모르겠어요? 이것은 내가 평생 두려워하며 기다려 왔던 다이빙이라고요. 전 무서워요! 다이빙을 어떻게 하는지 저한테 이야기하지 마세요. 전 무엇을 해야 하는지 알아요. 저는 제가 다이빙에 실패하더라도 계속해서 코치님이 이 자리에 계셔 주실 수 있는지 알고 싶어요. 저는 제가 다이빙을 할 수 있을지 두렵다고요."라고 소리치면서 접촉이 일어났다.

그 시점에서 그녀의 에너지가 떨어졌고, 나는 코치의 역할을 하면서 그녀의 두려움에 대해 들어주고 존중해 주지 않았던 것을 사과했다. 그녀는 코치의 역할을 되받아서 다음과 같이 말했다. "전 당신이 이렇게 두려워하고 있는지 몰랐어요. 그리고 당신에게 이 다이빙이 얼마나 중요한지도 전혀 몰랐어요. 당신 말이 맞아요. 정말 당신에게 강요만 했지 귀 기울여 주지는 않았네요."

접촉이 점점 더 강해지면서 그녀는 역할에서 벗어나 이 일을 자신의 페이스대로 하고 싶다고 말하기 시작했다. 가족에게 얻은, 결코 제대로 된 관계를 맺을 수 없을 것이라는 내사를 그녀는 좀 더 충분히 탐색했다. 그녀는 이 내사의 힘을 알아차리게 되었고 이 내사로부터 편안해지고 싶어 했다.

• 동화와 철수

이 단계는 자신이 다이빙할 수 있는 때가 언제인지 알게 될 것이라는 믿음과 함께 나타났다. 그녀는 자기 자신의 알아차림을 돌보는 것과 관계가 깊어지는 것에서 자신의 페이스를 유지할 필요가 있음을 받아들였다. 그녀는 또한 자기 자신에게 이 관계가 의미하는 중요성을 확인하였다. 이 새로운 알아차림은 그녀가 가족과 관련된 내사를 좀 더 탐색할 수 있게 해 주었고, 결국 그녀는 나타난 내사를 '무효화'할 수 있었다.

요약

이 사례는 게슈탈트 관점의 몇 가지 핵심을 보여 주고 있다.

1. 전경과 배경이 발달할 수 있는 시간을 허락한다.
2. 가능하면 은유를 사용하도록 하고, 이러한 기법이 내담자에게 잘 맞는지도 확인한다. 은유는 상담자가 아닌 내담자에게서 나오는 것이 가장 좋다. 이처럼 상담자가 은유를 사용하는 과정에 함께하는 것뿐 아니라 '외부'에서 은유를 가지고 오는 것도 괜찮다.
3. 상담 과정을 지지한다. 내담자 자신이 알고 있는 것과 알지 못하는 것, 즉 오래된 관계를 유지하려고 하는 내담자와 현재의 관계에 전적으로 자신을 투자하려고 하는 내담자에게는 돌봄과 관심이 필요하다.
4. 실험이나 특정한 방향을 지향하는 행동은 본질적으로 협력적이다.

이런 것은 사람들 간의 관계를 기초로 특정한 순간에 나타나는 자
원으로부터 발전할 필요가 있다.

사례분석 2: 커플 상담

두 번째 사례는 커플에 초점을 둔 것이다. 이 사례는 커플의 공
통 주제와 함께한 몇 가지 실험을 보여 준다. 커플 상담은 부부나
미혼 커플, 형제자매, 부모 자식 관계처럼 어떤 관계에서든 실시
할 수 있다.

이 사례는 결혼한 지 4년이 된 한 부부에 관한 것이다. 부부는
둘 다 28세였고, 2세 된 아들이 있었다. 이들의 치료 여정은 각자
에게, 그리고 두 사람 모두에게 힘든 과정이었다. 치료는 위기 상
황에서 시작되었고, 남편은 "내 아내가 문제야."라는 자신의 신념
에서 벗어나는 데 어려움을 겪었다.

그 부부는 대립하면서 서로에게 투사하는 경향을 보였다. 투사
가 일어났을 때, 둘 다 상대방이 자신의 말을 듣지 않는다고 불평
했고, 회기는 서서히 멈추게 되었다.

  • 주제
  – 최상위 전경: 서로에게 자신을 개방하고자 하는 욕구 또는 그
    렇게 하고 싶지 않다는 욕구
  – 방향: 최상위 전경의 두 방향으로 가 보는 것, 즉 '나–진술(I-

message)'과 '너-진술(You-message)' 모두를 좀 더 많이 표현하도록 하는 것

• 전경과 배경

매 회기의 전경은 각자의 투사 유형이었다. 사실 전경은 그들의 저항 가운데 하나였다. 이에 대한 배경은 회기 가운데 나온 몇 안 되는 '나-진술'과 자주 반복된 '너-진술'의 알아차림이었고, 전경은 그들이 몇 분 동안 자신의 말에 주의를 기울인 결과 나오게 된 '아하' 경험이었다. 각자 자신의 패턴을 알아차리지 못했던 것이다.

• 감각과 알아차림

회기가 진행되면서 부부 모두 마음속에 느껴지는 불안감에 주목하게 되었다. 그들은 각자 상대방에게 자신이 충분히 알려지는 데 대한 '불안과 두려움'을 느낀다는 것에 주목하게 되었다.

• 에너지

상담 과정이 진행됨에 따라 에너지는 그들의 목소리와 '불안한 말투'를 통해 분명하게 나타났다. 투사가 고조되었을 때 분노는 가장 명백해졌다. 두 사람 모두 투사를 하고 그 투사에 반응하면서 분노는 점차 고조되었다.

• 행동

행동은 그들의 잘 발달된 투사를 강조하는 간단한 실험이었다. 그들은 다음과 같이 한 쌍의 진술을 해야 했다. 즉, 하나는 투사로서 '너'로 시작하는 진술이었고, 그다음은 '나'로 시작하는 진술이었다. 그들은 이런 메시지를 '보내는 자와 받는 자'로서 어떤 경험을 하게 되는지 스스로 따라가 보라는 요청을 받았다.

각자 자신과 상대방을 어떻게 보게 되었는지 피드백을 주고받으면서 작업의 속도는 느려졌다. '나'로 시작하는 진술은 점점 더 자신을 드러내는 진술이 되었고, '너-진술'은 점차 힘을 잃게 되었다. 이처럼 자기 노출이 많아진 것은 강압적으로 된 것이 아니라 실험을 통해 자연스럽게 생겨난 것이었다. 실험이 계속되면서 그들의 목소리는 부드러워졌고 감정이 연결되어 자세도 좀 더 서로를 향하게 되었다.

• 접촉

접촉은 일고여덟 개의 짝으로 이루어진 진술을 주고받은 뒤에 나타났고, 그들은 멈췄다. 무엇을 경험했는지 묻자 두 사람 모두 상대방에게 투사하는 것이 점점 더 불편해졌고, 자신의 생각과 감정을 드러내는 것이 점점 더 편하게 느껴졌다고 했다. 이것은 두 사람 모두를 놀라게 했다. 그들 모두 상대방을 좀 더 깊게 경험하는 것이 즐거운 경험이라는 걸 알게 되었다.

그런 후 이 실험을 계속해 달라고 요청하자 그들은 내게 화를 내면서 서로를 보호했다. 그들은 '나-진술'을 좀 더 하고 싶다고 하면서 내가 하던 대로 실험을 계속하라고 하는 것은 '과거를 강조'하는 것처럼 느껴진다고 항의했다.

• 동화와 철수

그들이 투사와 자기 개방에 대한 그들 자신의 감정에 주의를 기울이게 되면서 접촉 단계에서 동화와 철수 단계로 진행되었다. 그들은 이야기를 주고받으면서 그 순간 느끼는 감정에 이름을 붙였다. 나는 이 상담 회기가 그들에게 어떤 의미가 있는지 서로 나누도록 격려했고, 또 이 회기에서 무엇을 간직하고 싶은지 한 문장으로 말해 보라고 했다. 그들 모두 집에서도 자기 개방을 계속하고 싶다고 했으며, 나와 상담하는 동안 그것에 주의를 기울이고 싶다고 했다.

요 약

이 사례에서 나는 부부가 드러내 보이는 모습을 있는 그대로 강조함으로써 그들 자신이 바라는 행동을 더 알 수 있게 도왔다. 변화에 대한 역설적인 이론을 수정해서 활용한 것이다.

그들은 자연스럽게 해 오던, 서로 원하지 않던 행동에 주의를 기울이면서 자신이 선택할 수 있는 사항을 더 잘 알아차릴 수 있게 되었다. 또한 투사가 강조됨에 따라 자기를 드러내는 과정을 점점 더 알아가게 되었다. 이 사례에서 부부가 투사의 '쏘는(sting)' 경험을 하지 않았다면 그들은 자기 개방의 가치를 알아보고 받아들이지 못했을 것이다. 이 사례는 또한 커플 치료 과정에서 상담자를 통해 말하는 것보다 두 사람이 서로 말을 주고받는 것이 훨씬 가치 있고 효과적인 것임을 보여 준다.

사례분석 3: 집단 상담

집단 상담의 초점은 집단 치료를 실시하는 것이 아니다. 그보다는 집단 작업에 접촉 경계 장애 주기를 어떻게 활용할 수 있는지에 초점을 맞추고 있다. 여기에서의 집단은 교회 모임이나 위원회 회의 혹은 어떤 모임이든 사람들의 집합을 말한다.

이번 사례는 다섯 명으로 구성된 위원회에 관한 것이다. 그들은 지역 교회의 사역 프로그램을 의논하기 위해 세 번 만났다. 이 위원회에서는 주로 특정한 사람이 작업을 지휘하고 집단의 의견을 대변하며, 모임을 시작할 때 설정해 둔 방향이 모임을 마칠 때까지 지속되곤 했다. 모임은 한 가지 쟁점과 한 가지 주제를 갖는다.

내 목표는 단순했다. 즉, 집단의 참여 수준을 끌어올리자는 것이었다.

• 전경과 배경

나는 몇 분 동안 그 모임의 과정을 지켜보았다. 주로 어떤 사람이 말을 하고 어떤 사람이 말을 하지 않는지에 주목했는데, 한 사람이 더 길게 이야기하여 시간을 지배하면 상호작용이 덜 일어난다는 것을 알게 되었다. 간단히 말해서, 한 사람이 길게 이야기할 수록 다른 사람들은 모임에 덜 참여하게 된다는 것이었다.

- 주제

 − 최상위 전경: 모임에서 좀 더 많은 사람이 말을 하는 것(욕구/
　바람), 모임에서 말하는 사람의 수가 적은 것(욕구/바람에 대한
　저항). (나는 이것이 이전 리더로부터의 내사인지 아니면 미처 알아
　차리지 못한 위원회의 규칙이었는지가 궁금해졌다.)

 − 방향: 변화하고자 하는 바람대로 진행하여 더 많은 사람이 말
　하게 한다, 저항하는 쪽으로 진행하여 소수만 말하게 한다, 두
　양극을 번갈아가며 해 본다. (이 위원회에서는 '좀 더 많은 사람
　이 말하는 것'으로 상담 목표를 정했으며, 이 주제에 대한 실질적인
　작업은 90분간의 모임 중 후반부 45분 동안 이루어졌다.)

- 감각과 알아차림

　나는 90분 과정의 후반부 모임이 시작했을 때 위원회에 참석한
사람들 각자가 지금 어디에 있는지 나눠 보라고 했다. 그들은 각
자 자신의 욕구와 앞으로 회의 방식이 달라질 것에 대한 불안감을
알아차리고 있었다.

- 에너지

　모임이 진행됨에 따라 웃음소리와 침묵을 통해 이 모임의 에너
지가 분명해졌다. 좀처럼 이야기하지 않던 사람이 이야기할 때는
웃음소리가 들렸고, 이전의 '회장 대변인'이 이야기할 때는 평소

보다 더 조용해졌다.

•행동

이 회기의 책략은 다음과 같다. 행동은 단순히 그들이 경험한 것을 보고하는 것이었다. 이 행동 단계에서는 모든 사람이 말하는 것을 들을 수 있었고, 동시에 모든 사람은 '같은 공간 안에' 존재할 수 있었다.

•접촉

내가 처음으로 특정한 몇몇 사람들이 말하는 것을 알아차리게 되었다고 언급하자 사람들 사이에 접촉이 일어났다. 모든 사람이 하는 말을 듣는 것이 어떻게 느껴지는지 **한 사람씩** 자발적으로 나누게 된 것이다. 그들은 많은 사람들이 말하는 것을 듣게 되어 반갑고 흥분되고 편하며, 서로가 연결된 것처럼 느껴진다고 했다.

•동화와 철수

나는 참여자들에게 방을 돌아다니면서 각자 알아차리게 된 것을 **지금** 간단히 나눠 보라고 했다. 모든 사람이 좀 더 '공동체' 같은 모임이 되었으면 했고, '말하는 소수와 침묵하는 다수'가 줄어들기를 바랐다. 우리는 매 모임마다 이 내용에 대해 이야기한 후 시작하자고 약속하는 것으로 이 단계를 마무리 지었다.

요 약

나는 이 사례를 통해 게슈탈트 작업이 복잡하거나 부담스러운 것이 아님을 보여 주고 싶었다. 그것은 마치 사람들에게 그저 말하게 하는 것처럼 단순한 작업이다.

또한 나는 회의가 처음 시작할 때부터 모든 사람이 참여하는 것이 얼마나 가치 있는 것인지 보여 주고 싶었다. 처음에 어떤 형태로든 참여한다면 이후에는 만약 한 사람이 모임의 나머지 시간 동안 침묵하기로 했다고 해도 스스로 여전히 공동체의 일원이라고 자각하게 되기 때문이다.

마지막으로 나는 게슈탈트 작업의 지금 여기에서의 가치를 보여 주고 싶었다. 이 작업에 참여한 사람들은 어떻게 '여태까지 계속' 서로 멀고 분리된, 또 연결되지 못한 느낌을 받았는지 이야기하는 대신 이 모임이 어땠는지, 그리고 한 팀으로서 어떻게 함께 노력해야 하는지에 관해 이야기했다.

참고문헌

Achtemeier, P. J. (1975). *Proclamation Commentaries: Mark*. Philadelphia, PA: Fortress.

Boisen, A. (1936). *The Exploration of The Inner World*. Lanham, MD: University Press of America Inc.

Bultman, R. (1971). *The Gospel of John: A commentary*. Philadelphia, PA: The Westminster Press.

Capps, D. (1979). *Pastoral care: A thematic approach*. Philadelphia, PA: The Westminster Press.

Childs, B. H. (1990). *Short-term Pastoral Counseling*. Nashville, TN: Abingdon.

Corsini, R. J. (1984). *Current Psychotherapies*. Itasca, IL: R. E. Peacock Publishers.

Dayringer, R. (1988). *The Heart of Pastoral Counseling: Healing through relationship*. Grand Rapids, MI: Zondervan Publishing.

Firet, J. (1983). *The Dynamics of Pastoring*. Grand Rapids, MI: William B. Erdmans Publishing Company.

Fuller, R. (1971). *Studies in Theology: A critical introduction to the new testament*. Hertfordshire, UK: Duckworth.

Gagnon, J. H. (1984). Integrated field theory in eclectic psychology: The metamorphosing gestalt. *The Journal of Pastoral Counseling, 19*(Spring-Summer).

Graham, L. K. (1992). *Care of People, Care of Worlds: A psychosystems approach to pastoral care and counseling*. Nashville, TN: Abingdon.

Hatcher, C., & Himelstein, P. (1976). *The Handbook of Gestalt Therapy*. New York, NY: Jason Aronson Inc.

Jackson, G. E. (1981). *Pastoral Care and Process Theology*. Lanham, MD: University Press of America Inc.

Knights, W. A. (1976). On being a CPE supervisor. *Journal of Supervision and Training in Ministry, 1*.

Korb, M. P., Gorrell, J., & Van De Riet, V. (1989). *Gestalt Therapy: Practice and theory*. Needham Heights, MA: Allyn and Bacon.

Latner, J. (1973). *The Gestalt Therapy Book*. Highland, NY: The Gestalt Journal Press.

Maslow, A. R. (1987). Freedom from 'the known' in psychotherapy. *The Journal of Pastoral Counseling, 22*(2).

Naranjo, C. (1980). *The Techniques of Gestalt Therapy*. Highland, NY: The Gestalt Journal Press.

Nevis, E. C. (1992). *Gestalt Therapy: Perspectives and Applications*. New York, NY: The Gestalt Institute Press.

Oden, T. C. (1985). *Pastoral Theology: Essentials in Ministry*. San

Francisco, CA: Harper and Row.

Ogelsby, W. B. (1987). *Biblical Themes for Pastoral Care*. Nashville, TN: Abingdon.

Perls, F. (1947). *Ego, Hunger, and Aggression*. New York, NY: Vintage Books.

Perls, F. (1973). *The Gestalt Approach and Eyewitness to Therapy*. New York, NY: Science and Behavior Books.

Perls, F. (1988). *Gestalt Therapy Verbatim*. New York, NY: The Gestalt Institute Press.

Perls, F., Hefferline, R. F., & Goodman, P. (1951). *Gestalt Therapy: Excitement and growth in the human personality*. London, UK: Souvenir Press.

Polster, E., & Polster, M. (1982). *Gestalt Therapy Integrated: Contours of theory and practice*. New York, NY: Vintage Books.

Renear, M. (1976). Therapy and theology: The continuing dialogue. *The Journal of Pastoral Care, 30*(March).

Ryan, B. (1976). The lost self-changes: Gestalt and christian concepts of rebirth. *Journal of Religion and Health, 15*(October).

Scharff, J., & Scharff, D. (1992). *Scharff Notes: A primer of object relations therapy*. Northvale, NJ: Jason Aronson Inc.

Stevens, J. O. (1975). *Gestalt is*. Moab, UT: Real People Press.

Swanson, J. (1988). Boundary process and boundary states: A proposed revision of the gestalt theory of boundary disturbance. *The Gestalt Journal, 8*(1).

Wendel, V. S. (1989). Counseling: A conversion experience. *Pastoral Psychology, 38*(Fall).

Wheeler, G. (1991). *Gestalt Reconsidered: A new approach to contact and resistance.* New York, NY: The Gestalt Institute of Cleveland Press.

Wise, C. A. (1982). *Pastoral Psychotherapy.* New York, NY: Jason Aronson Inc.

Zinker, J. (1977). *Creative Process in Gestalt Therapy.* New York, NY: Vintage Books.

찾아보기

저자 소개

Jeffrey Hamilton은 Lancaster 신학대학교에서 목회신학 석사학위(MDiv)와 Casewestern Reserve 대학교에서 사회복지학 석사학위(MSSA), 그리고 Union 신학대학교에서 목회신학 박사학위(DMin)를 취득한 후 그리스도연합교회(United Church of Christ)에서 목사 안수를 받았다. 이후 클리블랜드 게슈탈트 연구소와 데이튼 부부가족치료 연구소에서 훈련받았고, 센트럴 펜실베이니아 지방 교회를 섬겼으며, 애빙턴 메모리얼 병원에서 임상목회교육 레지던트 과정을 마쳤다. 1986년에는 마이애미 밸리 병원의 중환자 관리 및 정신 외상 부서의 목회상담 직원이 되면서 목사로서의 목회사역을 시작했다. 현재는 미국목회상담자협회(AAPC) 회원이자 면허증을 가진 목사이며 교목대학 회원으로, 평신도 목회사역, 에이즈 환자 사역, 소집단 발달 등 다양한 영역에서 교수 사역을 하고 있다.

역자 소개

윤 인

연세대학교 교육학과 졸업
미국 University of Missouri-Columbia 교육 및 상담 심리학 박사
전 한동대학교 상담대학원 교수
현 게슈탈트 심리치료 전문가
　한국기독교상담 및 심리치료학회 감독회원, 한국 다문화 상담학회 수련 감독
　한국 청소년 상담학회 수련 감독

주요 역서
게슈탈트 목회상담(공역, 시그마프레스, 2006)
신경증적 갈등에 대한 카렌 호나이의 정신분석(공역, 학지사, 2006)
아동 및 청소년을 위한 게슈탈트 예술치료: 아이들에게로 열린 창(공역, 학지사, 2006)

김효진

한동대학교 상담학 석사

한국 상담대학원 협회 전문상담사 2급

전 포항공과대학교 입학사정관

현 한동대학교 입학사정관

최우영

한동대학교 상담학 석사

한국 상담학회 전문상담사 2급, 사회복지사 1급

전 대구청소년지원재단 청소년상담복지센터 상담사

현 계명대학교 상담센터 상담원

신성광

한동대학교 상담학 석사

사회복지사 1급

전 한국과학영재학교 상담실 상담사

현 MBTI 일반강사

전인적 목회상담을 위한

게슈탈트 심리치료 기초 이론과 실제
Gestalt in Pastoral Care and Counseling: A Holistic Approach

2014년 3월 25일 1판 1쇄 발행
2022년 8월 20일 1판 3쇄 발행

지은이 • Jeffrey D. Hamilton

옮긴이 • 윤 인 · 김효진 · 최우영 · 신성광

펴낸이 • 김 진 환

펴낸곳 • ㈜ **학지사**

　　　　04031 서울특별시 마포구 양화로 15길 20 마인드월드빌딩 5층

대표전화 • 02) 330-5114　　팩스 • 02) 324-2345

등록번호 • 제313-2006-000265호

홈페이지 • http://www.hakjisa.co.kr
페이스북 • https://www.facebook.com/hakjisabook

ISBN 978-89-997-0340-9 93180

정가 15,000원

이 도서의 국립중앙도서관 출판시도서목록(CIP)은 서지정보유통지원시스템
홈페이지(http://seoji.nl.go.kr)와 국가자료공동목록시스템(http://www.nl.go.kr/kolisnet)
에서 이용하실 수 있습니다.
(CIP제어번호: CIP2014007359)

출판미디어기업 **학지사**

간호보건의학출판 **학지사메디컬** www.hakjisamd.co.kr
심리검사연구소 **인싸이트** www.inpsyt.co.kr
학술논문서비스 **뉴논문** www.newnonmun.com
원격교육연수원 **카운피아** www.counpia.com